大展好書 好書大展

大展好書 好書大展

命理與預言 64

易學時間之門

辛　子／著

大展出版社有限公司

自序

我對易學的情感，是終生不渝，至死不悔的；一直以來，我深信：易學，是我們祖先最偉大的「發明」，是中國文化中最美麗的河流，是古老的華夏科技給予我們後人的最寶貴的饋贈。

對於我的這份「執著」，許多人不以為然地認為是把易學過分神聖化了。至於固執地把易學等同於迷信的人當然更是很多很多，這無疑反應了今日易學的真實現狀——儘管我常被由此而生的悲哀與迷茫困擾著，但我別無選擇，更會一生堅守易道。

雖然有著太多的遺憾，但我這本「好事多磨」的小冊子總算可以付梓了，我很慶幸。

對於易學這樣一門備受爭議的學問，我在此書中凌亂的探索性寫法和主觀感情色彩，相信可敬的編審們容忍了我許多，也懇請閱讀此書者能容忍我些，而我當然也該多點「容忍」自己吧？

畢竟易學還未能回到科學與文化的最高殿堂，畢竟不是每一個人都可以理解易者們為大易「鞠躬盡瘁，死而後已」的那份心境，畢竟千百年來伴隨著易學的迷霧和塵垢還遠未散去，甚至畢竟連易學是科學還是玄學、是迷信還是一種文化現象等，幾千年來都沒有答案。

因此，我願借此書叩拜各方高明，以使易學能早日匯入世勢的清流，更使自己早日釋然受教。

易學是一門健康的學問，她的憂患意識，她的清靜精微，她的淡然超前，她的含容時空，她的廣大平衡等等，總該有值得我們世人關注和智信之處吧？面對大易，我常常感到心有餘而力不足，因此，內心久積焦慮。希望此書最終能給我一份安妥，拋磚引玉，呼喚更多傑出的易者和智者們打通易道。

我期待著。是為序。

目錄

第一章

誰創造了易學

一、誰創造了易學

誰創造了易學？千百年來，一代一代的易學家們不斷重複地這樣問著自己，問著蒼天。但是易學始終是那個統括天地、時空的大「黑箱」，裡面的秘密和光亮竟恆久地未能流露絲微為人們所窺見。無奈，我們的易學家們便只有以幻想和揣測來自己回答自己，聊以自慰也罷、自不量力也罷，這畢竟是人類的智慧和心聲，我們不能像蒼天那樣永遠地保持著沈默。

人類社會的發展就是一部執著地走出蒙昧、迷信和無知的歷史。因此，我相信，只要我們以科學的態度對待易學研究，就終有一日會在散落的時空中找到易學的源頭和創造者。

關於易學的起源有兩大代表說，而這兩大代表說的起點卻都是所謂的「上古眞人」。一方面「上古眞人」被視為「生而神靈、德智超群」的聖人，天賦的聖智讓他們完成了造易的人類使命；另一方面，「上古眞人」又常被視為史前的另一個超文明社會（或說上一冰河期）的人類或外星人，他們比當時（以至現在）的人類有著更加先進的思想和科學技術——超智慧、超科學。

易學的源頭處充滿了「河圖洛書」般的「神跡」，但這實在是不足爲奇的。因爲，地球、人類、生命乃至整個宇宙本身都是充滿「神跡」的。我們只應默默地審視它，熱情地寄望於它……

(一)「聖人造易」說

「聖人造易」說，屬於最正統的易學起源學說，但它的「人爲」感情色彩也最濃厚，採用的更是人類慣用的自圓其夢方式。

本身便屬「聖人」之列的孔子，在《易經》繫辭傳中是這樣描述其前輩的聖人和易學起源的：「古者包羲氏之王天下也，仰則觀象於天，俯則觀法於地，觀鳥獸之文，與地之宜，近取諸身，遠取諸物。於是作八卦，以通神明之德，以類萬物之情。」這也就是著名的伏羲畫八卦而開端易學之說。

當然，在聖人伏羲之後，易學的大作爲按孔子或正統的說法也基本屬於聖人們——「包羲氏沒，神農氏作……神農氏沒，黃帝氏作……」，「西伯（周文王沒稱王時的爵位）囚羑里演周易」。

另外諸如「河圖起源說」、「占卜起源說」、「數字起源說」、「天文地理起源說」等等都是依附於「聖人造易說」而作為補充展開的，尚不足以獨立成說，且不具極強的說服力。還有的學者指出「卦的起源直接，其源頭應是結繩而治……後世聖人易之以書契」。

易學源遠流長，所以自漢以來有「易道深，人更三聖，世歷三古」之言。應該說，經過悠久的時間，累積多位聖賢的智慧、頓悟和心血而鑄成易學，這種認識是言之合情、言之成理的。

當然，每一個所謂聖人的名字已不僅僅屬於他們自己，他們的名字其實包容著各個時代和千千萬萬「仰望天空」的人們，而千人萬人、百年千年所累積的「究天人之際」的睿智，想是足以創造一門不朽的易學的。

把造易的功勞給予聖人們，也許確是熱腸的後人們為了增加易學的權威性而人為的；因此，許多學者對此說頗持否定態度。但我們應該看到，人類的許多門類的科學的產生和發展內核也大略超不出類似「聖人造易」這樣的過程和模式。所以，如若其他造易說沒有什麼言之鑿鑿的考據，或令人折服的「神跡」的話，「聖人造易說」仍不失為正道之說。

㈡「智慧遺留」說

「智慧遺留說」是近代和現代最具誘惑力的易學源頭說，它以基本承認地球曾有過史前超文明社會（或說上一個冰河期）的人類科學文化和宇宙中有著遠遠高於我們智慧和科學的外星人存在爲前題。「智慧遺留說」大致認爲，我們的老祖宗（聖人們）說不定還不具有創造易學那麼高的智慧和能力。

易學這套東西，應是上一冰河時期的人類或外星人，當其科學和智慧發展到相當高度時，創造或總結出的一門遠遠超乎我們之上的自在科學體系，他們有意無意地以某種方式把這門科學中的一部分精髓遺留給了我們。而發現或繼承它的我們的祖輩們，憑著原始的靈性、歲月的積累和不懈的激情，慢慢地便發展出了我們今天的這樣一門易學。

易學是一門自足自證的獨特科學體系，因此，一旦「智慧遺留說」能夠得到基本證明和印證，那麼我們人類是完全可以順著它的「易道」接通超智慧與超科學的「時光隧道」的，如此我們人類文明與科學的大飛躍與大進步便有了希望。由此觀之，我認爲，徹底繼承和破譯易學實在是一種劃時代的民族和人類工程，它需要也有必要集合整個國家和人類的各業一流人才來共同爲之傾力。

我相信，易學破譯中所釋放出的一點點曙光，也許便足以照徹地球的黑暗與蒙昧，解除人類千百年來在科學、精神與文化上的許許多多的困擾、無奈和絕望。

科學講求實證，因此，「智慧遺留說」儘管激動人心，卻更加需要熱愛易學的人們從我們的山河、歷史、文獻，乃至智慧、靈性、科學中找尋強有力的依據和明證。記得台灣的一位國學大師曾在自己的書中提到，一百六十萬年前已有易學符號存在了，而大陸易學家劉正在其《中國易學預測學》中提到：「在距今七千多年前的鉢上發現了六爻的卦象，如《復卦》《隨卦》《蠱卦》等十幾個卦的卦象，其出土地點從台灣到美洲的印第安人部落中，以及國內的部分地區。」類似的這些說法不知能否得到考古學界的科學證實，我期待著如此這般的信息和文獻得到現有的科學印證，或者是得到易學某種完美的自證。

倒是一位文人，在其獨特的時空遨遊與文化苦旅中，不期然將上述兩種造易說捏和到了一起，余秋雨先生寫到：「依我看，神秘的太極圖，就像一個渦捲萬物的洞口，一陰一陽呈旋轉形，什麼都旋得過去，太極圖是無文字的先民的隆重遺留，人類有文字才數千年，而在無文字的天地裡卻摸索了數十萬年。再笨、再傻，數十萬年的捉摸也夠凝鑄成至高的智慧。」

嘻！果如此，我們的易學家們於悲哀中該多少有幾分慰藉了——畢竟時間從我們身上流過的只是一瞬……

二、易學人物與易的方法論

整個易學的發展史，其實便是一部閃耀著歷代易學大家生命靈性與精神風采的易學人物史。易是如此的不同凡響，因此，它總是需要在特殊的時代背景下，由那些同樣卓而不凡的人們來研究、繼承和發揚光大。

在這裡，我想通過回溯這些在易學發展史上留下了光芒的人物的某些生命閃光，來反思易學的源流和特質，並試圖從中找尋到適合我們這時代的易的方法論。

㈠ 文王「拘」而演《周易》

《周易》是易學史上最偉大的著作之一，它基本上起到了一個承前啓後、繼往開來的作用。試想如果沒有《周易》，充滿「神跡」與原始生命智慧的上古時代，那些

「聖人」和先民們的拙樸而獷達的精神光彩，必耗散殆盡而無以匯集和承繼。試想，如果沒有《周易》，即便後人們超然若老子、聖賢若孔子、睿智若朱子、開明若太宗等等，也是無法構築起巍峨浩蕩、屹立千載的中國文化大廈的。

臺灣國學學者南懷瑾先生甚至有如下之論——「我們儒家的文化、道家的文化、一切中國的文化，都是從文王著了這本——《周易》以後，開始發展下來的……」。據史料記載，周文王是被殷紂王拘囚在羑里的時候，推演出六十四卦，發憤著作「卦辭」，最終鑄成《周易》的。《周易》是不是文王一人所為，這是史學要研究的事，我們不去理它。我們要注目的是《周易》為什麼會在那樣一個遙遠而蠻荒未盡的時代，由以文王為代表的「聖人」、先人們奇跡般地完成了。我無法拿出考古學究們誓死索要的實證，但我想妄自繼言：動蕩、殘暴與原始對抗中的「拘囚」是完成《周易》的關鍵。

我認為，文王時代的人們，他們許多人身上一定保留著某種與超智慧溝通、對話的能力，他們許多人身上更一定具有著某種超能力（特異功能、氣功之類），文王們並不一定有多麼高的思辯和智慧，但他們與先民可以和「上古眞人」自然地融通，他們可以不經意地漫然審視自己的靈性——因此，我們可以想見，當文王們被「拘囚」

羑里之時，歷史同樣地在喧囂中沈靜了。於是從上古乃至更遙遠處奔流而來的智慧、超智慧和各種「神跡」，藉著文王們在這裡匯集、凝聚、幻變、昇華，以至終於在千載易史之上留下了至今仍是輝煌的一筆——《周易》。

(二) 孔子「玩索」而知天命

孔子是易學歷史上，乃至中國文化史上最偉大的奇跡之一。由於孔子的儒家文化思想過於「超前」，因此，儒家思想的存在狀態始終是時好時壞，而它對社會、文化的影響也是時強時弱、時大時小。

幾千年來，人們對於孔子和儒家思想，儘管異常重視和注目，但有的卻多半是不理解和誤解，甚至過分地神化和誤用……孔子思想的精髓，其實是從易學中汲取的。孔子以他的超然聖智，進入到了易的心靈中優游。因此，在易學本身仍舊處於蒙昧狀態時，孔子的儒家思想和文化，是無法得到根本的認同的，孔子的思想似乎屬於可見的未來，屬於眞正的文明盛世。

傳說孔子是五十歲才開始研究易學的，不知確否，不過我覺得說孔子五十而「通易」似乎恰當些。胸懷天下，學識淵博，從年輕時起就周遊列國的孔子，實在是想幹一番大事業的，但他卻總是到處碰壁，甚至如喪家之犬。熱血冷遇，世態炎涼並沒能挫敗孔子，他開始放下沈重，輕鬆地玩索研易。

孔子實在是幸運的，當他把焦灼的目光和激昂的心智浸入進易學時，他終於恍然大悟，找到了眞理——孔子研易的心得《繫辭傳》中，處處洋溢著易學眞理的精妙，時時閃耀著易學文化的精神，而每每發軔著華夏文化的清流。三十而立，四十而不惑，五十而知天命矣。

孔子從易學中徹悟了「天人思想」的精魂，並將其自然地引入自己的文化思想中，使儒家文化成爲在實質上極其博大而超前的一種自在文化。有學者考證說孔子並未作《易傳》，但即便如此，在後人的心中，孔子仍是與易同在的，這就是中國文化。

易學是至爲規範和嚴密的，但研究易學卻必須持平常之心智和異常之情感，任何循規蹈矩、引經據典、正襟危坐、苦苦追求式的研易方式都是有違天成的易道的，孔子在易境之中，「玩索而有得」便是絕好的例證。

「易無思也，無爲也，寂然不動，感而遂通天下之故。」孔子的如斯之言，想必是其閑坐「玩」易而入在易之境時的心聲。

(三) 攬易於懷　醉易於心的邵康節

古來易道清明而高深的易學大家有很多，但能與易融為一體，一生在易道中歸去來兮的卻只有易聖康節一人。比天地為易，則康節先生有攬易於懷的豪情與偉力；比易為杯酒，則康節先生更有醉易於心的執著和痴迷。可以說，在易學史上，再沒有哪位大家，甚至聖人能像康節這樣一生洋溢著全部的易學精神和神采。

易學的神靈為什麼獨獨垂青於康節先生呢？也許是康節先生的刻苦之心感動了神靈——為鑽研易學，康節先生「隱處山林，冬不爐、夏不扇，盡心於易，夜不就席者數年……」

也許是康節先生從日月山川中感悟了神靈——為徹悟易學，康節先生遍遊名山大川，「穎然其順，浩然其歸」，竟漸至從日月光華，山川靈秀中「探賾索隱，妙悟神契，洞徹奧蘊，汪洋浩博，多其所自得」。

也許汪洋恣意的華夏文化中也彌漫著神靈的氣息——康節先生在鑽研與遊歷中，廣泛汲取了前代各家文化學說的精華，以「萬物皆備於我」的胸懷，建構了其「包括宇宙、始終今古」的龐大易學象數體系，深撼後世。

當然，也許僅僅是一種幸運，使康節先生與神靈相遇——關於康節的易學故事很多，有傳康節先生是受一深通易道的老者托枕授書而徹悟易學；也有傳說康節先生的易道「遠有端緒」，追溯師承竟與號稱「半仙之體」的大道士陳摶有師承關係。

甚至，也許康節先生是爲某種超智慧的神靈所附體吧——不然，易道之上有千千萬萬的熱腸之人在追索著，爲什麼獨有康節先生可以「玩心高明」，可以「知慮絕人、萬事前知」，更爲什麼只有康節先生有洞見眞理般的至言：「知易者不必引用講解，始爲知易。」

康節先生也許已經觸摸到了質樸的易學眞理，甚至已經與易學眞理和神靈相擁而笑了。但康節先生是孤獨的，他的清明是一種孤獨，他的神秘是一種孤獨，他的豐富更是一種孤獨——因爲眞理是孤獨的。

但願我們這些後輩的易道中人能有康節般的孤獨。

(四) 易的方法論簡說——在易不在易

如何研究易學？如何徹悟易學？如何才能接近易學的眞理？即便我們從遙遠的過去把文王、孔子、邵康節乃至更多的易學大家們請回到我們的今天，我想他們也只能是以沈默向我們作答吧。易的方法論是什麼？

當我們從易學歷史的長河中感悟文王、孔子以及康節三位易聖們的精神時，我們理應從內心深處體味到某種遙遠和某種親近——要感悟易的眞理，洞見易的光芒，我們便必須把自己融入易中；而要破譯易學，使之光耀天地，我們又必須保持時刻的警醒，使自己可以超身易外——在易不在易，這就是易的方法論。

易道是孤獨的，當我們無法走近它時，它的喧囂往往令我們茫然地孤獨；易道是孤獨的，當我們走入其中時，它的寧靜又常常令人忘我地孤獨。因此，在今天這樣一個萬象更新的大時代，我們尤其需要弘揚易的精神，瀰漫易的情懷——使探索著易學眞理的人們，悠然地從自研走向衆研、從自悟走向衆悟、從自然走向自在。

我相信，當我們大家從某種整體的易學孤獨中一起清明地走出時，易學的眞理一定就在我們的眼前，易學的光芒一定照耀著我們每個人和我們的民族乃至整個人類。

三、易學與現代科學間的接口——宇宙代數學

有人說易學是宇宙代數學，此觀點實在精彩。當我們拋開易學的創造者誰屬之

爭，去反觀千百年來的易學發展，我們會驚人地發現，在所有易學大宗學說和流派的源頭，都若隱若現地敞開著一扇玄妙「數碼」的大門——「天地之數」、「大衍之數」、「八卦數」、「河洛理數」等等；我們姑且不必急著弄清楚究竟是誰在何時何地最先爲我們推開了這扇「數」的大門，更不必考證這種種數理到底從何而來，或究竟誰先誰後、誰主誰賓、誰表誰裡，我們只需須加思量一下，這種種數碼和他們所付構而成的「天書」，對易學、術數學的重大影響，對中國文化的深刻陶鑄，我們便毫無疑問地會內心震撼不已，對其倍加敬畏了。也許最早稱易學是宇宙代數學的那個人，便是在這種震撼和敬畏的心情下，由感而言的吧？

有關「天地之數」的史學爭論並無結果。謹引《繫辭》之說：「天一；地二；天三；地四；天五；地六；天七；地八；天九；地十；天數五，地數五，五位相得而各有合，天數二十五，地數三十。凡天地之數，五十有五，此所以成變化而行鬼神也。」

對於「大衍之數」由來的探討更是自古至今一直未絕，《繫辭》中雖有「大衍之數五十，其用四十九」的蓍草起卦定法，但古來對其根據原意卻解釋各異，今人劉大鈞教授在其《周易概論》中認爲：這是古人始終沒有說清楚的問題。

而圍繞著八卦與河洛理數之爭，更是異常激烈。有人堅信「河出圖、洛出書，聖人則之」，把「河洛」奉若神來「天書」，認爲八卦源於河洛理數，甚至稱「河洛」爲「天地自然之《易》」。

但也有人憑《易經》早於《易傳》七八百年時間，而斷言八卦根本不是據「河圖」、「洛書」而產生，「河洛」只是暗合八卦而已。易學家劉正更指出：「因爲筮法的存在與數字卦的存在已否定了河圖洛書推出卦象的傳說。」

凡此種種，人們似乎在對「天地之數」、「大衍之數」、「八卦」及「河洛理數」等之淵源意義的爭論中，往往忽略了一個重要背景，那就是紛繁的易「數」是存以致用的。能夠在幾千年來的衍用中最終「用」以致「存」的，必然是這「數」的精意之所在。

古代最原始的占筮活動一定是對某種「未知神力」或「天地神聖」的膜拜與「承接」，而一代一代的膜拜與承接下來，便產生了《易經》乃至我們今天所謂的易學。說實在的，不管是誰創造了易學，不管是誰把易「數」傳給了我們後人，也不管幾千年來那些後來的智者與高人們爲《易》增添了多少玄彩與奧義，易學的眞理與力量卻始終繫於「數」中。

易學的陰陽五行運化特徵，應理所當然地使我們對「數」有更深徹的理解和認識。在易學中，「數」並不是機械的、抽象的，而是有生命的、神聖的，象徵天地生生不息的活動。所以，當我們不把「數」僅僅當作數來看待時，我們就不會有八卦與「河洛」誰先誰後之爭了，因爲，八卦符號又何嘗不是一種包含著時空信息的特殊「宇宙代數」呢？

我曾有一種十分稚簡的看法：「河洛理數」孕含著易學精髓，天地之數與「河洛」、「八卦」的契合已可以爲證，而對於「大衍之數五十，其用四十九」，我更以爲從「用以致存」的角度來看，不妨作如下理解：

天地之數五十五，是宇宙代數的總體，封閉靜態平衡基數，而「數」是用以「成變化」的。因此當其用以占筮時，在天地之數「相合」之際，我們必須去其「五」而孕其動（在此五十數已是開放的靜態平衡數），而當正式起用時又必須去其一而成其變（至此，易數四十九　現出動態不平衡態的數理特徵），如此變化之後所成之卦，當然是彰顯易象，盡現易理，使易與「天地準」了。至此，「大衍」之說所孕含的易學先天數理與河洛八卦體系的關係幾可了然。

也許，易學眞眞正正成爲「宇宙代數學」之日，便是我們找到易學與現代科學間的接口之時——易學時空與科學時空相融而存在，彼此光耀，造福人類。

第二章

易學與時間卦原理初探

一、易學理論之我見

易學誠如孔子所言，確是廣大悉備的。因此，易學理論之浩如煙海，便也就可想而知了。如果我們把易學作爲占卜之學來看待，那麼以陰陽五行學說和八卦體系作爲脈絡發展出的一整套中國傳統術數學理論，已堪稱精密、完美，令人嘆爲觀止了；而如果我們把易學作爲一種理學、哲學或文化現象來看待，那麼古往今來的聖人、易學家、易學者們，早已以其汗牛充棟的著作和文化精神把它構築得博大精深、令人嘆服了。

但我認爲，完整的易學並不止於此，它應有其更爲悠遠、深刻與自在的理論內核——

(一) 易學的時空數碼與邏輯自在

當我們暫時拋開傳統的易學意識，從遠處平白、客觀而科學地遙看易學時，我們一定在某一刻產生一種呼之欲出的感慨和嘆悟——易學其實直現著以邏輯構建的時空數碼和以時空數碼表述的邏輯自在！易學是容含天地、時空的超級數碼體系，易學是精密、完美而龐大的邏輯關係體系。

「易」的看不見的眞正內核，乃是時空數碼與邏輯自在，它深藏於易的紛繁象數與本理中，輕鬆地構築著宇宙的對立統一與全息規律，實現著對宇宙時空信息的自在而冷靜的全息存祿與放送。

這裡需要強調的是，我們絕不可把易學同符號邏輯學等同起來，甚至相提並論。盛行於世的符號邏輯的科學精神勿庸置疑。符號使繁雜的事物得以清晰、簡潔，而邏輯使紛亂的世界變得嚴密、合理。但是即使如此，西方的符號邏輯仍是無法與易學同日而語的。因爲易學的時空數碼底蘊，可以從清晰中直示你存在與自在；而易學的邏輯自在內核，更可以從嚴密中直現出眞實與眞理。

西方的邏輯符號是人爲的、表層的、無生命的；而易學卻是自在與深層的對世界生生的徹視。當然，易的邏輯自在也不僅僅是韓國崔英辰所提出的所謂「陰陽對待」的「第三個邏輯」，它恰恰是包含著形式邏輯與辯證法乃至對待關係等的邏輯全體。它包含著所有邏輯關係內核，具備了各種邏輯關係的邏輯基礎和推演力，自在地構築著普適而深徹的邏輯推演體系，卻又不爲任何邏輯「力」所規限。

這種「自在」特性，似乎是由易的時空數碼特徵和「場結構」本質所賦予的。因此，我認爲易學堪稱科學中的科學，它甚至正應了老子的那句名言——玄而又玄，衆妙之門。

易學數碼體系的精妙、完美，實在是令人不可思議的，它只約略用了區區八個數碼，就演變、造化出了含容天地、時空，通透萬事萬物的這麼一門龐大的宇宙學。在完造西方的科學與文明方面，嚴密的邏輯是居功至偉的；而支撐易學數碼體系的，更是一套近乎完美、神化的邏輯自在內核——它其實遠遠地高於正統的西方邏輯。比如黑格爾的三段論法，與易學六爻邏輯關係相比，就顯得相當粗糙，因爲易學講究的是「六段八方」論，六段之中又包含著互應的「雙重三段論」。

當然，易學邏輯關係的精神並不在於它是幾段幾方，而在於它是時空化、數碼化了的深層邏輯自在，這一點《太極太玄體系》一書有著深刻的論述。

易學數碼體系所蘊含的邏輯自在至精至簡，現代邏輯學中的所有精華和種種玄奥無不包含在「其大無外，其小無內」的易學邏輯內核中。易學數碼的邏輯自在內核古人是發現了的，老子的一句「反者，道之動」已然帶出了黑格爾辯證法的全部內涵。但是先賢們太富於感通天地之情了，於是乎邏輯加上感情，前人們便創造了「理」與

「道」，發端了洋洋灑灑的幾千年中國文化。

對此，我們可以心存遺憾，但絕不可指責古人未能早早地把易學推向科學的最輝煌。因爲如果確是聖人造易，那麼能造就今時今日的易學存在和境界已屬神跡。甚至聖人們似乎是有意將易學的許多謎留給了我們後人，讓我們必須在付出足夠的努力、艱辛和熱忱後，才可繼承、享有至聖的易學眞實和眞理。而如果易學得之於「智慧遺留」的話，那麼我們的先輩們能夠得到它神一般的啓示，能夠粗淺地將之繼承下來，這已屬我們民族的大幸了。

而我們只應誠惶誠恐地去膜拜、去徹悟、去繼承和破譯它。要知道，沒有古人爲我們疏浚的文化長河，我們的民族即使登上了科學的巔峰，它的靈魂與生命也是不會安妥的。

㈡ 易學的現象本質與基本原理

充滿神跡的謎一般的易學，它的現象本質卻是至爲精簡的，它的基本原理更是平白而普適的，因爲不管是聖人還是所謂的外星人，他們是不會用一套繁雜而晦澀的東西來礙手礙腳地束縛自己的。當他們的文化和生活至爲通達和精彩時，他們的科學理應是平凡而精簡的。

易學的內核是數碼和邏輯，而易學的現象本質則是超越時空的象與數。以易的眼光看世界，宇宙之內其實除了萬物類類的「象」和萬類之定規的「數」外，再沒有其他什麼了。「遠取諸數、近取諸象」地全息，於是乎，超越時空才成爲可能，萬事本理的內核才能直現。

我們這個世界，人事也好，學問也好，生死也好……等，都具有外在的象和內在的數。它其實至爲精簡，而複雜的只是我們固執的眼睛和偏見的大腦。這正是易學現象本質所揭示的道理。

以易學現象本質爲基礎，我們可以把構成易學理論的核心要素總括爲四大類——陰陽（易之血脈、精髓）、象數（易之肌筋、骨架）、時空（易之神與腦）、天人（易之情與魂）。這種分類方式是爲了適應我們一貫的思維定式。以這四大類要素爲基礎，便產生了易學的四個基本原理：

第一，陰陽調衡原理——人與萬物都循陰陽之氣而變動，並不斷地由一種不平衡態變爲平衡態，復又變爲另一種不平衡態、平衡態，周而復始、不斷變幻、調衡。

古來雖沒有陰陽調衡這種具體叫法，但陰陽調衡原理卻一直實實在在地自在存在著，它支撐著國人的思維傾向與心靈結構，堪稱古今數術學、中醫、理學和華夏一切大宗文化、科學的靈魂依據。

試想，號稱龐大的中國術數體系和五行之學，如果失去了陰陽調衡這一內在本質，不是將毫無疑問地坍塌、解體嗎？再試問，向以博大精深、吞吐天地著稱的中國文化，如果沒有陰陽調衡這一心靈內質，將是怎樣的蒼白和無味啊！

第二，象數互根原理——人與萬物之「象」雖然紛繁複雜，卻無不有其一定之數（規律），每一種象都體現出一種數，而每一種數都呈現出一種象，兩者互爲表裡，互爲根據。

易之爲用，簡單說來其實也就是從象到數，和由數及象，而它們的依據就是象數互根原理。有個易學故事，講一代易學宗師邵康節曾預言其舍下某椅某日當爲仙客坐破，到時果有仙客坐破其椅。此故事雖屬傳說，但卻形象而誇張地說明世間萬事萬物（甚至神仙）也是無法超乎《易》之象與數之外的——象數互根，因此，康節先生才可以將椅象推變爲易數，從易數推衍出易象，以至從易象預言了「仙人坐破」的定數與眞象。

第三，時空相容原理——時間是空間的起點，空間是時間的歸宿，反之亦然，兩者相容，構成了宇宙的永恆與瞬間。時空相容，使得時間空間可彼此超越，復現過去，預見未來。

易學是我們地球自有人類以來，駕馭時空能力最強的一門科學。它把時空標誌完美地融於一體，在一點上把握時空，卻不因時空的分離與深廣而耗散智慧和精神。我們知道，**人類在科學和整個社會文明方面的每一次重大飛躍，都是以對時間和空間的超越爲標誌的**，而時空相容原理使得易學具備了含容宇宙、超越時空的最完美能力。所以有人說，中國文明昌盛的下一次振興，將以易學的振興爲主要標誌，於此理應爲人們所理解。

第四，天人交感原理——其大無外，其小無內，天人是合一的。人體與天體，人氣與天地之氣互爲交感、互爲相通、互爲作用與影響，演變著宇宙的對立統一與全息規律。

究天人之際的易學，在仰觀天文，俯察地理，中通萬物之情的過程中，竟那麼隨意地形成了我國傳統文化的最大特色——天人之學。

天理即人道的天人合一哲學思想是我國傳統文化的基礎和一切傳統學術思想的根源，天人交感原理從整體上賦予了易以眞情和靈性，因此，《易》才能道盡「人生必變、所變、不變的大原理」，闡明「人生知變、應變、適變的大法則」。同樣，「不知易，不足以言中國文化」之論，由此看來亦極近理。

二、易學時間卦原理綜述

我們生活在廣袤無垠的宇宙空間裡，也常常以空間為依歸，確定自身的能力；然而我們同樣生活在時間的汪洋中，過去與未來常常在我們每個人的手中優游。表面看來，空間容易捕捉和確定，但實際上，空間是何其難以超越啊（人類文明五千年至今才不過上到月球，太陽系、銀河系……宇宙簡直遙不可及），它需我們付出無窮無盡的能量和視野。可時間卻不然，她看來無法把握，卻永遠可以確定，不論是起點、終點，還是其基本空間結構特徵。基於此，我們理應把視野多些移向時間。筆者始終認為，**只要我們還不了解時間，我們便無法了解整個世界**。

(一)《太極太玄體系》一書的啟示

傳統易學起卦方法主要不外乎三種，即著草占筮法、以錢代筮法和按時間起卦法。而不論三種方法還是《梅花易數》所常用的各類隨機起卦法等，它們卻只有一個共通性，那就是起卦時間的確定，也就是說，**時間是確定起卦的基礎**。因此，我們不得不把視野投向時間——易學的時間。

關於時間，《太極太玄體系》一書有著極其精闢的論證。該書由英年早逝的傑出學者鄭軍先生所著。我雖和鄭先生素昧平生，但他的書卻對我的易學研究，特別是寫作此書產生過重大影響和啓示。

作爲一位最好的良師益友，他的學術思想和精神一直活在我的心中，激勵和啓迪著我的精神和創造力。爲了表示對鄭軍先生的尊重和謝意，我在此直接引用他的論述有關時空的一些句子和段落——

「時空是物質運動最基本最一般的表現形態。」

「時空統一、空間三維、時間也是三維。」

「物質運動最基本最一般的一對陰陽屬性就是時間和空間。若視時間爲陽，則空間爲陰，陰陽可以分別認識，卻不可在統一體中分離，即時間、空間不可分離。……」

「空間有結構，時間也必須有結構。」

「易學空間與現實空間是一一對應的。」

「時間不是一根無粗無細無頭無尾的長絲，而是有結構的。」

「在易學時空中，微觀空間結構與宏觀時間結構竟然完全一致。」

「時空總是統一的，空間包含著時間，時間包含著空間，因此，不管是用時間還是用空間表達，描述的對象都是週期運動。」

以上的引述實在無法表述鄭軍先生，洋洋灑灑十三萬言所表達的全部思想，筆者由衷地希望大家暫且放下我的書，找來鄭軍先生的《太極太玄體系》一書，深入進去，去了解鄭軍先生，了解他學術思想的嚴謹、清晰和深邃。相信讀完他的書，大家必會有一種對世界豁然開朗的感覺。

好了，回到我們的「時間」上來，受鄭軍先生在《太極太玄體系》下論述時空的啓示，我發現，時間是有著其基本結構的，而時間的結構是可以用來描述或復原空間結構特徵的。甚至，愛因斯坦相對論早已表明：時間不能脫離和獨立於空間，而是和空間結合在一起形成所謂的空間——時間客體。

基於對時間的全新認識，基於時間在起卦方面的重要性，我們必須重新認識時間卦的意義和價值。以往，人們只是注意到了「蓍草占筮法」的繁複和人爲不確定性，只是注意到了「以錢代筮法」的隨意性與人爲失眞之處，因此間中地把時間卦拿來「替補」一下，以保證起卦的客觀與精確，但時間起卦法的眞正意義、價値以致內涵、類別、操作等等從不爲易學界所重視，時間起卦法因此始終未能成爲眞正的大宗之法，未能放射出光芒、體現其眞正的價値和力量。

㈡「時間卦」是各類時空結構特徵的易學標誌

古來完全以時間爲依據進行起卦求《易》的，大抵有兩種方法：一種是《梅花易數》中所載的以年、月、日、時四柱的地支數理爲核心，按一定方法推衍成卦，由於此種時間卦起卦簡便、客觀，因此現在應用流傳較廣。

另一種是以河洛理數爲依據，將年、月、日、時四柱的干支全部取數入局，再參照「天地之數」推衍相蕩而成卦，但因其植根於四柱推命術，因此，長久以來其時間卦的本來面目竟爲人們所忽視。

上述兩種時間卦的起卦方法雖有所不同，但卻有一個共同點，即成卦於年、月、日、時（時間）的四柱標誌基礎上，相對於其他起卦方法更具有客觀、固定、不受主觀情緒和人爲因素干擾的特點。

由於以上兩種時間起卦法，都是經過了千百年來「易理」、「易數」的錘煉而成的，因此，我們後人理應對它們多加愛護、善加使用。

筆者認爲，時間卦是各類時空結構特徵的易學標誌。那麼，古傳至今的上述兩種時間卦能否擔當起承接全息的時空結構特徵的重任呢？這就必須從它的起卦內在基礎依據——時間四柱的干支上找尋答案了。

表面看來，中國古老的干支記時法，不過是記載時間順序的，但實質上還具有標誌不同時間陰陽五行狀態的意義，描述著事物的發展過程，並透過古老而深邃的河洛理數之紐帶，賦予了時間以深刻的結構特徵和豐富的空間力量。

干支紀法堪稱中國古代最偉大的發明之一，它理所當然地成爲了承接易道的最佳手段，通過與五行、河洛的互相激蕩、適應與含容，易得以抽絲剝繭般地把時空結構特徵的內在「易數」帶入時間及時間卦中，因此，使時間卦成爲確定和描述各類時間結構特徵的最佳易學方式。

干支紀法、五行、河洛理數等等，它們並不是簡單地相容於時間卦的，以中國古老的運氣學說爲由頭，我們正可從內在印證其嚴密與科學，並從時空結構角度闡明其充分的代表性。

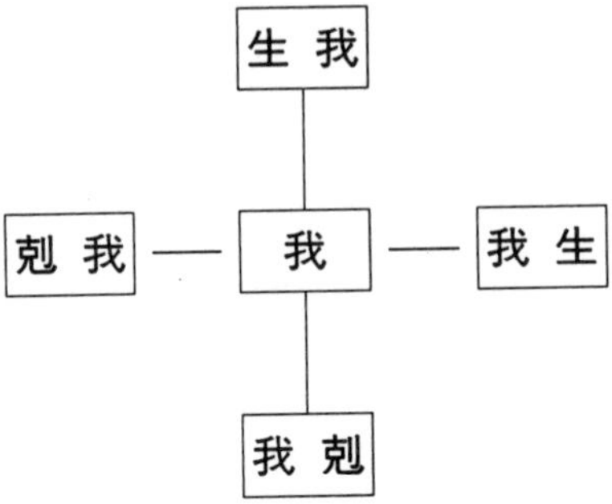

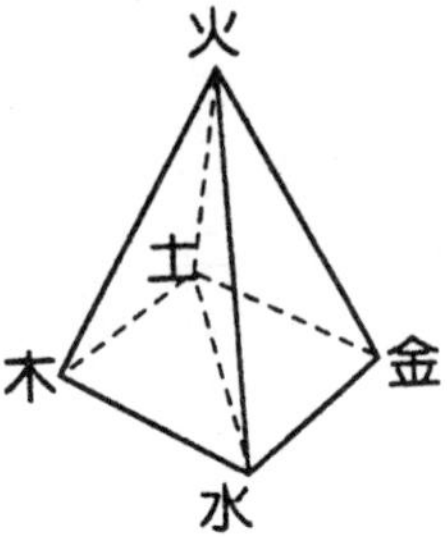

運氣學說認爲宇宙間一切事物之所以發展變化，原因在於「氣化」的不斷運行，氣化的內容爲五運六氣。五運的運行，以十天干的陰陽干配合而顯示；六氣之化，以十二地支的陰陽支配合而顯示。

這樣干支便納入了萬物流轉過程的五運六氣之中了。於是干支紀法與陰陽五行的時間指徵融爲一體，而五行學說更承載了易學的精髓。五行木、火、土、金、水，其形象化的表層含義和關係之外，其實表達的是一種深層的高級邏輯關係——五值邏輯。

五行生剋關係，表述了一事物同與之有關的其他四種事物之間發展的直接關係，這四種關係構成了一種三維時間結構。其圖式（錄自《太極太玄體系》一書）如上圖：

而對於五行結構數與河圖洛書的內在關係，《太極太玄體系》一書有簡明的揭示：

「在一個三維四面體中，中心點總是固定的，四個頂

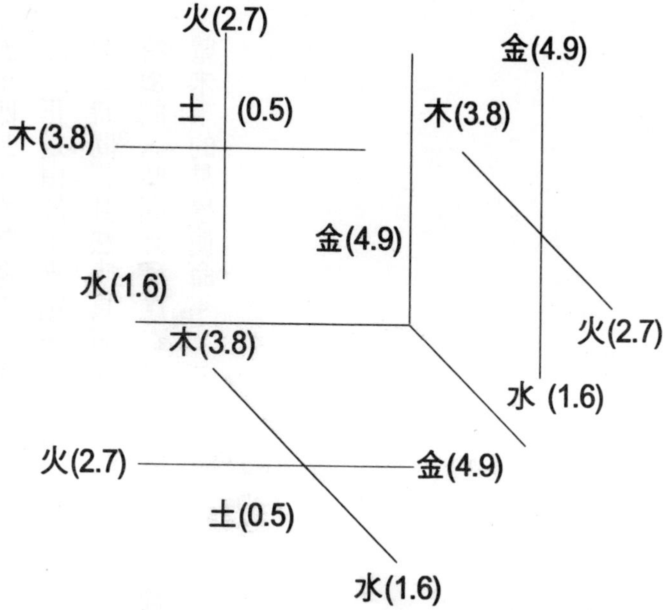

五行結構數與河洛數——四面體三維投影

（錄自《太極太玄體系》）

點的次序則有很大的自由度，只有最後一點是確定的。若以中心點爲始點（0），給各點編碼，從0到9這十個數碼可出現一次循環，將標上數碼的四面體各點向三維垂面投影，就會發現，正視圖和側視圖就是神秘的河圖與洛書，五行結構數正是據此確定的。」

對於五行與河洛數內在的關係，鄭軍先生是這樣歸結的：「但從五行與河洛數結合爲一體的那天開始，就不單表示哲學上或科學上的概念運動，它同時也是有了新的科學含義——上升爲一個數學模型。」至此，我們可以看出：四象、五行、八卦、九宮、天干地支、太玄五十四卦、六旬週期等是一個體系中的不同環節。

正是由於干支紀法的嚴密、科學與數理底蘊，因此，筆者認爲，以茲爲基礎所建立的時間起卦法應具有充分的代表性，是足以描述和表徵易學體系下的各類時空結構特徵的，時間卦理應在進一步清晰與合理完善的基礎上，起到更精確地含古容今、瞻望未來的易學使命。

第三章

易學時間卦之操作問題及應用舉要

易學時間卦的起例方法雖然大致不過二種，但時間卦起例方面的具體操作內涵卻很廣。比如同一時間下在相同或不同地點多卦起例的加權問題，不同類別時間卦的應用取向問題，兩種時間卦的應用側重問題等等。

在此，筆者謹就時間卦起例在操作方面的要點作一分析和總結，只要讀者對本章所述內容細加掌握，便可將時間卦的應用推向更廣泛的領域。

一、易學時間卦基本起例方法

(一) 邵康節先師所創的時間起卦法

說到時間卦，人們往往最先想到的就是相傳由宋代易聖康節先師所創的梅花易數之時間卦法。此時間卦起例法具體操作為——

首先把起例時間之年、月、日、時化成干支記時的四柱形式，如此以年、月、日為上卦，年、月、日加時為下卦，又以年、月、日、時加數取爻。如子年一數，丑年二數……亥年十二數。月，如正月一數，二月二數……直到十二月為十二數。日，則以農曆的日期數取入。年、月、日數相加以八除之，以餘數爲上卦。時，如子時一數，丑時二數，直至亥時十二數。再將年、月、日、時數相加。其計數以八除之，餘數爲下卦。其年、月、日、時之總數用六除之求動爻。

凡起卦，不論數多少，皆依八作卦，數大於八，即以八除，餘數爲卦數。如用八，除不盡，多除至盡爲止。動爻的數，亦然除六至盡爲止求之。其理論依據略爲卦有八卦，故八除，爻有六爻，故除六。

數起卦的對應以先天八卦數爲依據。即餘一爲「乾」，餘二爲「兌」，餘三爲「離」，餘四爲「震」，餘五爲「巽」，餘六爲「坎」，餘七爲「艮」，餘八爲「坤」。至於求變爻的數，餘幾即幾爻動。

梅花易數之時間卦起例法，以其簡便、快捷與客觀的特點，獲得了廣泛的流傳與應用。

㈡ 陳希夷先師所創的河洛理數起卦法

相傳爲五代隱士的陳希夷先師，據說是將河洛理數引入世間的第一人，他的河洛理數起卦法植根於命理學，因此於運命之外，往往被世人所忽視。而其實，河洛理數的起卦法，才是時間的正宗起例法，現簡述起例方法如下：

同梅花易數時間卦法一樣，河洛理數起卦法亦先將起例時間化爲四柱八字，然後將年、月、日、時四柱干支全部取數入局，再參「天地之數」推衍相蕩而成卦。其中，八字取數定局爲下：

天干取數定局：甲數六，乙數二，丙數八，丁數七，戊數一，己數九，庚數三，辛數四，壬數六，癸數二。

地支取數定局：亥子水一、六數，寅卯木三、八數，巳午火二、七數，申酉金四、九數，辰戌丑未土五、十數。

八字內天地數取例：

1. 天數二十五，地數三十，此河圖之數。
2. 天干布洛書之數、地支布河圖之數。
3. 干支取數，單者象天數，雙者象爲地數。
4. 天數除二十五，餘數爲卦，二十五數除二十餘五爲卦。二十五以內，除十餘數爲卦。大於二十五多者，累除求餘。
5. 地數除三十，餘數爲卦。三十數用三數，不滿三十數則遇十不用，餘數爲卦。

大於三十多者，累除求餘。

需要特別說明的是：

(1) 河洛理數起例法其用以配卦的是後天八卦數，即坎數一，二數坤，三數震，四數巽，五數中，六數乾，七數兌，八數艮，九數離參之，及年干爲陽，天數在上，地數在下：年干爲陰則天數下地數上。如此八卦相蕩即可成卦。

(2) 五數寄宮一九二四年上元以前爲年干，陽寄艮、陰寄坤；一九二四年後爲中元，陽干年寄艮、陰干年寄坤；一九八四年後下元，陽干年寄離、陰干年寄兌。訣曰：「陽時便因陽爻走，陰時順其陰爻行」。

(3) 以此方法所得時間卦，元堂所在最爲關鍵，元堂即爲動爻也。其法參其他書之陰陽爻元堂卦式法取之。

河洛理數起例法因深深地植根於四柱推命術，因此，長久以來爲人們所忽視，應用和研究範圍有限，但它的深刻數理內涵和成卦的精確，卻不容我們繼續漠視其本來的價值了。

二、易學時間卦的種類細劃與應用取向

前文已述，易學時間卦總分為兩大類，即梅花易數時間卦和河洛理數時間卦，但在實際應用中，按其應用取向的不同，我們又可以將其細劃為如下幾種類別：

(一) 隨機時間卦

即要起例的事物結構特徵不需要連續或固定表述，只要隨機抽取其某一隨機時間特徵點成卦，即可有效描述和預測的時間卦類。隨機時間卦起例方法以梅花易數時間卦為主，應用取向主要是描述或預測體育賽事、突發事件、單項商務活動、隨機人事動變和一切可以隨機時間完述和預測的人、事、物方面。

(二) 固定時間卦

當要起例的事物結構特徵必須以固定時間才能完述，須掌握和依據固定的時間特徵成卦來描述和預測的時間卦類。固定時間卦起例方法以河洛理數時間卦為主，梅花

易數時間卦爲輔，其應用取向主要是描述和預測各類重大的生命、商務、政治、文化事件、活動，舉凡需要掌握其全部起始特徵的人與事皆須用固定時間卦。

(三) 動態時間卦

當要起例的事物結構特徵，必須兼用隨機和固定時間卦才能有效描述和預測的時間卦例。動態時間卦所要表述的事物，其時間特徵要多向選擇才足以確定。動態時間卦起例方法，須將梅花易數時間卦與河洛理數時間卦交互使用。其應用取向主要是描述和預測各類系統性強、綜合程度高、內涵豐富深刻而完整的人類活動和事物的發展。拋開政治軍事層面，當今世界的所有大宗事物和事業，在參照動態時間卦進行調整後，都將更有效、更成功、更有益人類自身。

另外，動態時間卦多用於獲運和轉運等。

(四) 反轉時間卦

當要起例的事物結構特徵必須從其時間特徵，的正反兩方面來把握時，我們可採取河洛卦法中的天旋地轉法，求得與原數時間卦反契合的反轉卦來完述之。反轉時間卦起例方法只可用於河洛理數時間卦。其應用取向主要描述和預測各類需要區分先天與後天、基礎與調整、內因與外變的人類活動和事物發展，比如用於解析現代科學一些重大難題，用於解析和調整古老的風水等等。

㈤ 全位時間卦

易學史上有一部名著《皇極經世》，易聖康節於其中使用的即是全位時間卦，但因其導時間成卦後復又化卦成**大時間**，故顯用時而隱用卦，所以僅此一提，不作說明，不過全位時間卦表述的，卻是最大的國家與世界運變的總規律，包含著對時間卦的歸結和時間的歸宿。

三、易學時間卦的權變與操作問題

我們以時間卦起例對事物的發展、變化進行描述或預測時，易學時空結構特徵的精確性是其成敗關鍵。但在實際應用時間卦時卻常常存在著影響精確性的操作問題：

其一 在同一時間下，同一事物的同一性狀需多角度、多方向，或多個體描述或預測時，一個基本時間卦元素不足以完成。

其二 在同一時間下，當同一屬性的事物須在不同地點、不同環境、不同人氣下描述或預測時，一個基本時間卦象不足以完成；爲了加強時間卦實用性的精確性和有效性，筆者認爲可通過加權實現一個基本時間卦的「權變」，解決上述兩類或更多的時間卦操作問題，具體加權方法分兩類：

(一) 梅花易數時間卦的權變

1. 爻變加權法

我們以本章第一節所述的方法獲得一個基本卦後，當所要描述或預測的事物，只需簡單的多類、多項區別其特徵時，我們便可以將基本時間卦爻變加權以用——即權數只體現和加於變爻之上，如同一時間要描述同類之事物的差異時，我們可將序數1、2、3加於基本時間卦之原動爻上，獲得三個不同的時間卦權變。

又如，同一時間，要描述或預測多個不同地點之同類事物狀態時，我們可將各不同地點所在九宮八卦中的位置不同取先天卦數加權，求得不同的時間卦權變，其餘亦如此。此法只是動爻變，而本卦不變。

2. **卦變加權法**

同樣，我們以本章第一節所述方法爲參照，當我們要描述或預測的事物，其類別特徵需嚴加區別時，我們便可在基本時間卦基礎上進行卦變加權以用——即權數導入卦中獲得不同的時間卦權變。

如同一時間，要描述同類三個事物的特徵時，我們可將序數1、2、3加於上卦或下卦之年、月、日、時數內求卦，獲得三個與基本卦從本卦到變爻皆不同的時間卦權變。

又如，同一時間，要描述或預測多個不同地點之同類事物狀態時，我們可將各不同地點所處在九宮八卦中的位置不同取先天卦數加權，分別在基本時間卦之外，獲得多個不同的時間卦權變，其餘亦同此。

此整個卦變，但需依據基本卦的年、月、日、時數。

(二) 河洛理數時間卦的權變

由於河洛理數時間卦多用於描述或預測重大人、事變化，更由於其起例方法（參考本章第一節）的獨特，因此其加權方法只有一種——即**完全**加權法，其序數導入須取甲、乙、丙、丁、戊、己、庚、辛、壬、癸之河洛入局數，而其九宮取數要取天干或地支之河洛入局數，其餘變化方法同本章第一節和本節㈠所述。

這裡必須著重說明的是，時間卦權變是不能拋開基本時間卦不用的，在各種不同情況下，預測任何多件性人、事時，在用時間卦變之同時，還須參照基本時間卦對事物進行定性和定量的描述和確定。

當然，本節所述的兩類加權卦變，在操作中如果以任意數加權變卦也是可行的，因爲其時間背景依舊主導著其卦的序化。

四、時間卦應用預測大類舉要

應用易學時間卦起測（參用不同的時間卦類別），可預測及預言大到宇宙變遷、地球興衰，小到細菌生滅、物體成廢等，所有可以時間結構描述或定義的事物，傳統的周易預測可解決的所有人事難題，以時間卦起測都會更加精確，而同時，時間卦體系更可以建立預測及預言以下這些類別重大問題的模型（時間卦），並以此作出準確及時的預測和預言。此處限於篇幅等原因，簡單舉要如下：

㈠、人類生存要素類問題（如水資源危機），可採用隨機時間卦爲主起例，配合錄入固定時間卦信息成卦，便可預測和解析，以資參考。

㈡、人類三大整體精神困擾類問題（如網絡化利弊），可採用固定時間卦取特定時間成卦，錄入準確信息，同時配合隨機卦例便可準確預言和解析，以資決策。

㈢、世紀末重大問題（如２０００年奧運成績）類別採用動態時間卦錄入預測信息，再兼顧隨機或固定時間卦，便可準確預測及預言之，以資計劃。

㈣、重大災變回溯及總結類問題（如美航天飛機爆炸）因已發生，故可採用雙重固定時間卦起例（初始及結束），錄入極爲精確的信息，並可以此準確回溯及總結之，以資減災。

㈤、某些另類問題等（如最惠國待遇）則要採用反轉時間卦爲主，將正觀、反觀兩類信息全部錄入成卦，並同時兼用其它卦類，在此基礎上便可準確預測及預言之，以資警世。

㈥、傳統易學應用可解決的問題類別內容廣泛，事無巨細，千行百業，各種時間卦類都可應用之，在此不作總結，可參閱各類應用易學、預測學的古今專著。

第四章

易學與時間卦的應用哲學觀

一　易學應用的三大法門

圍繞著義理與象數，幾千年來各派的易學家們在易學領域進行了許多無聊的爭辯與論戰，甚至常常發展至勢不兩立、互斥異端的程度。在易學精神還幾未明朗、易學眞理還遠未廓清的今天，這不能不讓人感到一絲絲悲哀。

其實，人類的一切科學與文化都是存以致用的——哪怕僅僅用以豐富人類的精神。因此，我們不能在體與用、易理與象數之類上糾纏不清，而應該大膽地用，用出我們的瀟灑，瀟灑出我們的科學與文化。以下是在傳統與未來的易學之間我所能歸結和感悟到的易學實用的三大法門。

(一)　回溯與含容

歷史學家、考古學家和人類學家們，常常是充滿激情並喋喋不休的，他們拚命地從過去的遺跡中找尋眞實，更拚命地從那點眞實中試圖修復歷史。可歷史並不是在回溯中完成的。天地時空永遠含容著歷史的眞眞實實，並在大地河山和每一段生命中延續著，回溯歷史不過是一種自我感動的眞實印證罷了。

易學的回溯和自證能力是無與倫比的，特別是當我們敞開了「時間之門」的時候。假以時日，如果我們能將應用易學更加以系統和完善的話，必將對歷史學、考古學、人類學等，所有需要回望過去的科學和文化產生巨大的震撼。

易學確是不經意地在歷史和文化中留下了印記的，但由於它有完美數碼系統的內蘊，更由於天地時空的含容，它理應在不遠的將來，把自己的回溯力量發揮出來，將歷史和文化的眞實光芒與暗角統統呈現給我們——到那時，不知最沈默的是歷史還是歷史學家們。

前幾年，舉國彌漫著一種易學應用熱潮，這種應用更以命學預測爲導向，但遺憾的是，當時的易學熱過於偏重對個人小命的算計和把握，大大忽視了至爲重要的國家、歷史、文化、自然災變等大命運的深徹研究和全面「回溯」。這也是易學至今未能堂堂正正地回到大雅之堂的一個重要原因。

易學的含容力幾乎也是無以言喻的，天人合一思想的產生便是其直接的作用使然，誠如孔子所言——易其至矣乎？由於易學是以天地時空爲起點和歸宿的，因此，易與天地時空幾可以視爲一體——天地時空有多麼深遠與廣袤，「易」便亦有多深廣；而天地時空向某一點注視，「易」便也會鍾情於這一點。我常常由衷地嘆服孔子，他竟能在遙遠的幾千年前就洞見「易與天地準，故能彌綸天地之道。」

易學的誘惑力實在是巨大的，如果我們終有一日接近了它的眞理與眞實，想想看，易學的含容力將賦予我們怎樣的豐富啊！再想想看，在易與天地時空的含容中，將吞吐出多少精彩的精神和生命，彌漫出多少精神和生命的精彩啊！

回溯與含容，不失爲易學實用的一大法門。

(二) 預見與超化

傳統易學雖然未能洞見「易」的全部眞理與奧義，但由於易學本身的自在與超然，由於執著於易道的歷代易學先賢們的人格力量和靈性光芒，應用易學的理論體系和方法雖然異常紛雜，卻也足以堪稱精密而完整了。

易學與易學家們似乎心照不宣般地互相砥礪，在歷史上留下了許多易學的輝煌事例，以至於每朝每代都有載入史冊的應用易學大家出現——孔子自不待言，而其後的諸如鬼谷子、東方朔、諸葛亮、郭璞、管輅、李淳風、邵康節、劉伯溫等等，他們無不是以自己驚天地泣鬼神、出神入化的高深易道，在歷史的浩蕩時光中留下了自己的閃光印記。

那麼，實用易學的價值是不是就止於這神仙般的聖人，止於預見和先知呢？其實不然，以完整易學觀來看，長久以來，人們（甚至一些大家）忽略了易的超然，忽略了或未能找到對以超然的易道預見和先知事物的科學趨化，當然，更忽略了對前輩易學大家們妙用趨化的沈思。「易」失去了其完整性，應用易學的又一大法門，人們往往只是打開了一半——趨化實際正可謂易之易！下面我們以兩方面與我們息息相關的實例來解釋：

1. 表徵為「凶」事的趨化

在此，我以具體的車禍為例。易學應用實踐中，經常會預見到車禍信息，作為一種凶氣和不利信息，當預算出它將在某段時間、某一方向出現並施惡時，許多當事人或者預測者大都採取「避」的方式，即不利的時間內不在不利的方向出現，這也就是人們經常說的「避凶」。但是以完整的易學觀來看，這種「避」卻絕非上策。

實踐中我們應該採取「化」的方式——因為促成車禍的是「凶氣」和車禍信息兩部分，你可避開一次車禍信號，但「凶氣」卻必須在「發難」之後才會洩去，你採取避的方式，凶氣便要嘛衝向別人（特例），要嘛變幻成一種禍患標誌「追隨」著你，當你避無可避，或稍不留神，它便大發淫威，衝向你或你身邊的親人，造成傷害。因此，當凶氣載著特定信息出現時，以易學的最佳方式處理便是想辦法像小孩子扎氣球一樣去「洩」掉它的凶狠，「化」掉它的「煞」氣，把大禍化小，小禍化了，絕不給它轉移、變幻做惡的機會。

以「凶」爲表徵的禍事很多，小到如上述個人車禍，大到危及衆人的禍患、傷災、火災，甚至天災國難，都是以趨化爲原則，以易的完整性爲終結的。

2. 表徵爲「吉」事的趨化

在此，我以當前人們最關心的財運爲例。人們都曉得發財是好事，孰不知發財的背後也會有煩惱，甚至危險。以易的觀點來看，我們每個人在自己的血肉之軀中都與生俱來擁有一團「原氣」或叫「命氣」，但這團氣的質量、應變力、耐衝擊力、或說「免疫力」卻是人人不同的——這正是「命」的本質區別所在。

常常有這樣的事，某君在商海艱苦奮鬥多年，終於大發其財，可是慶祝的酒席還未散盡，家人卻接二連三遭凶遇險，更有甚者，有的人酒宴還未開始，便忽遭天災人禍，命歸黃泉，身後空餘萬貫家財。

何以至此呢？因爲趨財太過——天地之間的各種氣息都是平衡、對應出現的，當你輕輕鬆鬆橫財就手時，一種相反方向的不利信息和能量便以，某種形式慢慢或迅速地向你襲來，如果你是那種命氣雄厚，「免疫力」強的人，那麼凶氣也常常會奈何不了你；可是如果你的那份命氣稍顯疲態或薄弱，則凶氣衝向你或你身邊時，也就會出現上述某君的那類不幸。

發財應當是全國、全民的共同目標，因此在奔富之路上，當財運湧來時，人們應善於趨化，不管財大財小，也不管自己命氣薄厚，都應從長計議，早早「化」解必然露頭的凶氣，而趨於安享財富。時下的許多超級富豪們往往在慈善活動、公益方面「樂此不疲」，不管其用意如何，心態如何，他們這樣做卻足以給人們以啓示——這化解了巨富帶來的巨大凶氣，使他們得以安享富有、快樂的生活。

「福兮禍所倚，禍兮福所伏」，人生之境不管是在發財之時還是在其他得意之刻都應大度爲懷，萬不可忘形。惟如此，「吉」事才能趨化爲你可安享的光彩與榮耀，「原氣」才得以長存。人事如此，家事如此，國事如此，世事亦如此。

(三) 營氣與造勢

易學與宇宙自在地存在著，所有的營與造在易與宇宙的大背景下都是微不足道的。但我們人類畢竟跟地球更親近些，畢竟跟自己生活的境地、形勢更貼近些，因此，營氣與造勢，仍不失爲應用易學所賦予我們的一種充滿悲歡的智慧。

「營氣與造勢」應用最深廣最具特色的領域，其實是在古往今來的政治鬥爭和軍事戰爭方面，不過現在，經濟發展當頭，除了國家召喚外，政治和軍事的糾變應是大多數國人所不可能多想的。因此，在這裡，我僅從輕鬆的風水方面來加以說明。

風水在當今經濟發達地區已是比較深入人心的。就商界來說，很多人士儘管半信半疑，也不得不敬其三分。簡單說，風水乃是易學應用的主要方面之一。它最主要的目標和作用，也就是營氣和造勢——幫助人們尋找和營造生氣聚積的最佳氣勢環境，及實現各類環境氣勢中生氣的最佳聚積。

風水其實是各類環境的「命氣」質量標誌，想想看，人的命氣薄弱則難享安樂，那麼環境命氣——環境氣勢若是薄弱，又如何能成就其主人的大業呢？風水予人予事的影響是十分巨大的，最起碼，當今世界的建築界大師、房地產巨子、商界人豪們是少有人敢小看中國的風水學了。

記得古人甚至有「人因宅（風水）而立，宅因人得存，人宅相扶，感通天地，故不可獨信命」之說。足見風水之「崇高」地位了。風水是放之四海而皆準的。其實小到一臥室、一家屋、一間辦公室、一座大廈、大到一帶環境、一個城市、一個區域，甚至一個國家，風水都時時刻刻、無聲無息地影響著它——而風水所賴以自在的內蘊，正是易學應用的又一大法門——營氣與造勢。

氣主命而勢主運。現實中應用著的營氣與造勢，對個人、環境和各類事物的命運都有著極大的影響力，因此，它是人類自在的天命之外，表達對生命的熱愛和對命運的執著的最佳方式和選擇。

二、易學時間卦的雙向力構

易學時間卦堪稱易學中最重要的應用體系之一，她以干支爲背景與源頭，以河洛理數爲依據和仲介，通過攝取時空數碼，形成描述時空結構之易學特徵的卦象；而透過時間卦，我們便可以分析和把握事物在各類時空背景下，眞實存在狀態和發展趨向。

可以說，易學時間卦具有深刻而精確的描述時空特徵的力量。同時，通過時間卦之時空背景的內在分析，筆者更發現她具有雙向力構的特點：

(一) 時間卦蘊含著場效應特徵

我們知道，時間卦基本上發於河圖與洛書。而河圖以至八卦體系所深藏的根本奧義，其實並非卦理與卦辭、卦象之類，而是時空結構——是軌定支撐物質運動的結構和使物質得以聚和存在的結構場力。

由於時間卦，正可從宏觀和微觀等各種時空狀態下抽取本質，反映事物的時空結構特徵，因此時間卦結構必然地蘊含著場效應特徵。

時間卦所代表的易學時空結構，在內在本質上是與她所要描述的事物、物質的眞實時空結構特徵相一致的。因此，時間卦的場效應特徵，使我們有可能對事物、物質存在發展的狀態趨向進行更精確、清晰地把握與認識，更甚至使我們有可能越過一代一代的現代科學家們在「統一場」方面的困惑，直接應用實質上統一的場效應（或稱「炁」效應）來解決我們這世界上許多懸而未決的難題了。

關於「場效應」，易學名家張延生有過出色的實際論述，他通過常見的排八字指出，排八字不是算命，而是算一個人降生時辰的場效應，胎兒接觸世界的第一時刻，其內場被最大限度調動，發生急劇變化以與大自然的場相適應，並達到一種平衡狀態。內外場的運動，交感產生綜合效應，並用遺傳密碼規定人的一生過程，只有對一個人出生時刻「場效應」的充分把握，才能精確地預測把握一個人一生的道路。

張延生的研究還指出——《易經》是研究八種場、五種態的（八卦與五行），不同的場可以對應於各自的實體結構形式。他並舉了一個令人振奮的例子：用「吉利安攝像」方法，「發現物質可以在高頻電磁場下顯示原來看不到的許多東西，在對高頻電磁場照射下的植物測試過程中，突然有一天，科學家們在拍攝的底片上看到了一片葉子，但在客觀實際中，植物上並沒有長片葉子。不久，就發現在植物上與底片相同的位置，長出了一個小芽。以後逐漸長大，當小芽長到與底片上顯示葉子同樣大小時，就停止生長了。過很長一段時間後就開始萎縮了，萎縮到哪裡，葉子的影像就消失在哪裡，直到整片葉子脫落之後，像這個葉子的影就消失了。這說明這片葉子在『場』中生長，當長到與這個場一樣時，葉子就停止生長。」

……我認為如果「就生命體或客觀存在來講，首先要有一個場存在」這個結論得以證明的話，那麼所有的實用易學原理、方法，甚至爭議頗多的氣功、特異功能等等，便都可以找到一個最圓滿的解釋和理論依據了。

現代科學認為，結構是一切事物、物質存在發展的基礎，而所謂的物質結構，正是事物、物質要素之間基本聯繫和基本作用的表現形式。由於時間卦反映了事物、物質存在發展的基本時空結構特徵，因此，時間卦所蘊含的統一場效應特徵也許正是契合易學與現代科學的某些精華，以易學的博大與精深指導現代科學與現代文明發展，而同時更提升易學的現代境界的機緣之所在！

(二) 場效應應用與時間符咒

時間卦蘊含著場效應特徵，而反過來，由於時間卦結構是事物、物質結構特徵的反映，因此我們可以通過對場效應的把握和調整，在一定程度上調整事物、物質的結構，並以改變事物發展、變化的軌跡。

當然在宇宙這一最大的結構力和場的作用下，調整與改變是有限的、內在的，但畢竟從每個人和每件事物的層面上來看，它多少會起到一定的幫助和慰藉作用，使向來宿命的人類，增添自信與「神力」。

利用場效應來調整物質的結構狀態，改變事物發展和個人命運的方法，並不爲時間卦所獨有，其實它早已爲世人所用。比如中國的道教、佛教信徒們（特別是俗家信徒），常常不自覺地在執著的信仰和膜拜中惠承了佛、道的巨大場結構力、場效應，使自己的命運結構發生變化，少了許多惡煞、凶災，多了許多吉祥和好運。甚至可以說，不論東方還是西方的許多宗教「神」跡在信徒身上的反映，大都是自覺不自覺地因爲「神」的場力調整了個人生命場結構使然。不知道這是否算是在宗教研究上的一點新發現和突破？

利用場效應可以主動調整事物結構狀態，改變事物發展。氣功自不待言，它幾乎是直接利用了場結構、場效應（「炁」效應）調整人體生命場與結構，以此達到對個人健康、機能與命運的多重改變，而它對人生的許多改變更常常因其無意識性和直接性而超乎尋常地有效——這也正是氣功等的魅力所在。

在直接利用場效應方面，最獨樹一幟的是中國的道家。道家的符咒，其實乃是直接、主動、有效地利用場效應改變事物結構的一種出神入化的方法。對此張惠民先生在其《中國風水應用學》一書中有著深刻而完備的類似論證，他早已指出：「咒語的信息作用可以通過『場力』加以闡明。」符咒的作用異常神奇而廣泛，其實遠不止爲人調整身心、運命與治病等幾方面，這一點有興趣的讀者可參閱張惠民先生著的《中國風水應用學》一書。

在此我必須指出的是，符咒其實根源於時間卦結構，「時間符咒」乃是一切符咒的基礎和依據，而這一點正可使我們更加了解時間卦的深刻力構，有效地利用對時空結構特徵的精確描述，來把握時間卦所蘊含的場效應特徵，並以此有效地調整各類事物的結構狀態，提高我們的生活與生存質量，完善我們的世界。

需要說明的是，應用易學中「知運」、「開運」、「獲運」及「改運」等所採取的手段與方法，幾乎都是圍繞著「場效應」而展開的。

「知運」是對各類場結構、場效應（卦及四柱等）的解析，「開運」與「獲運」是對各類場結構、場效應的適應與調衡（風水與擇化），而「改運」則是通過對場結構、場效應的調整達到獲取新的場效應結構的目的（符咒、氣功、五行術等）。

天網恢恢，我們生活的這個世界、我們置身其中的宇宙，無處不充溢著時間，無處不籠罩著「場」——它結構著宇宙的始終，規範著地球的運轉，更運化著人的一生。

第五章

應用易學的五大原理

古人講，善易者不占，而在本章所要揭示的應用易學的五大原理之交相作用下，此說幾近天理。這五個原理中的原理，其背後隱含著至爲精確的宇宙法則和悲天憫地之情。它們其實一直是應用易學自身固有的，只是久未爲人們所發現、認識和自覺使用罷了。

一、測不準原理

量子力學中有一個著名的不確定性原理。與之相似，應用易學中也普遍存在著一種測不準現象——在任意的一個平衡系統中，當以易學方法調測其系統事物時，如果我們把調測結果加以利用（特別是用以獲運或改運時），其主觀與利用程度越深，則調測結果便「越不準確」、「越無效果」；反之，如果我們僅僅是調測其結果，而不加行運利用，其客觀與自在程度越深，則調測結果便「越準確」、「越有效」。這一現象在應用易學中推而廣之，我們可統稱之爲**測不準原理**。它首先揭示了一個古老而深刻的哲理——「道法自然」，萬物可預而不可馭。

測不準現象的內因是這樣的——任何易學方法下的調測結果都可加以利用，但不可能利用到超越了固有的系統調測平衡的程度；而被調測的事物也可以加以改變（運化），但不可能改變到破壞了系統運行平衡的程度。我們對任何事物的調測，都有其特定的適應範圍和平衡系統，它必然地受著更大系統範力的制衡。

易學是一種整體觀、系統觀，而調測更遵從整體與系統效應，因此，對任何事物的調測都存在於一種整體的系統平衡之中。調測也好，調測者與被調測者也好，都不可能超越系統之平衡。否則，平衡破壞了，其調測或調測應用的結果，不是所測非所預，就是所預非所測。

沒有人可跳出自己——事物的平衡系統破壞了，所調測事物便超越了原測系統，這時它已非眞實的原測事物了；同樣，調測的系統平衡破壞了，你所利用的調測結果，這時也必然不是所調測事物在新系統下的應有結果了。

測不準原理給我們的最重要啓示也許正是：如何才能調得更好，測得更準？——我以爲，保持調測主體與客體的系統存在、系統平衡是關鍵所在。比如股市或期市之類的調測，只有當調測者將其市場本身的變化趨勢、經濟大環境及求測人運勢等綜合把握入測時，才能有望測得準。

測不準現象，在應用易學實踐中廣泛存在，它於無形中完美地維繫了「道」與

「德」的平衡。測不準（現象）原理，使易學應用囿於易「道」自身。只有置身世外、關愛天地、自在無爲的易者，才有可能神機妙算、凡測必準；而被世勢所累、慾願多多、窮占黷卜的易者，蒼天自有其「殺賊」利器——測不準原理，這雖困擾和阻遏了許多易學研究者和野心家，使他們知難而退，或扼腕嘆息，或喟罵蒼天或恨生不逢時等等，但易學的最高境界處畢竟因此得以淸高自在，易學因此終究還是保住了其「隱中聖學」的崇高地位。如若沒有了這個「測不準原理」，那麼易學應用之氾濫和危害程度，必千百倍於可怕的核子武器和愛滋病病毒等等。

想想看，如若許許多多的人們把應用易學徹底地用於滿足其人性的貪得無厭，用於其逆天而行的野心，用於其爭權奪利、打擊異己的目的……，那麼，世界會何其混亂、可怕，人心會何其荒蕪、猙獰啊！因此，測不準原理堪稱是所有眞心向易的人們和全人類所共享的保護神。

二、可操作性原理

不管是狹義還是廣義上的易學，從其產生至今，表現在應用層面的矛盾，始終都是最尖銳的——要麼拿出或「理」或科學的依據，證明實用易學的眞實、有效與可操作性。要麼乾脆承認它是唯心的，是巫與迷信的代名詞。但遺憾的是，古今對應用易學之科學性的論證，常常缺乏有力的說服力。

有的居高臨下，以「神」、「聖」壓人信服，反令世人敬而遠之；有的以陰陽五行及八卦體系的邏輯自證，常常陷入自圓其「方」；而貽笑大方，更有的以我們無法對占筮的科學成份，做出定性判斷這類話隨意搪塞，卻無形中使人們加重了對易學之幽玄、迷信的看法。凡此種種，其害「易」不淺。

我以爲，今日之易學，必須掃除它在哲學、文化方面的繁文縟節與故作深晦，更必須掃除它在占卜應用方面的故弄玄秘與顚倒隱賾，惟如此才能爲易學正本清源，使其正大尊榮、堂皇浩蕩於斯世。基於此，易學理當向現代科學伸出友誼之手，以求互爲動力和依據。

爲了求證應用易學的可操作性，我需要把現代科學中「序」與「熵」的概念引入易中。以易學預測爲例：我們知道，所謂預測，其實是對任意系統中有序度及其序變趨勢的可控求測。因此，能否在預測中增加預測系統內的序象，是其方法科學與否的關鍵和唯一依據。

而易學預測與其他任何預測方法最大的區別，在於它表面看來繁複、雜亂且隨意，但其預測過程的中介模態——「卦」，卻是高度有序的。它不僅可表徵被測系統現有的序象狀態，更因其高度的信象含容性，而必然地可提取所預測系統的過去的序象和未來的序象。這樣，在八卦這一封閉的系統內，起「卦」、解「卦」的序化過程，使預測中「序象」因卦而大量增加。因此，易學預測的科學性及其眞實性、有效的可操作性，當然地成爲不容爭辯的事實。

在「八卦」系統之「序象」大量增加的同時，包含預測者、受測者、預測過程在內的整個預測系統，卻充滿了與序相應的大量的「熵」，因而熱力學第二定律在此依然平衡、有效。

上述現象推而廣之，可總結出應用易學的又一重要原理——可操作性原理：應用易學的全部基礎是八卦體系，而「八卦」在易之應用過程中可大量地提取、增加受用系統的序象，使預測成爲可能。因此，應用易學是眞實、有效的，其對科學基礎的包容性決定了它的可操作性。

可操作性原理，還可引出一個十分敏感、頗具爭議的話題，即以「易」爲人調測者與受易者的互酬問題——以易調測的過程，調測水平越高，整個系統中所瀰漫的

「熵」越多，而這些「熵」有的存在於整個程式間，有的則傾洩在用易和受易者雙方身上，這樣看來，經常「用易」的人所受危害還是相當大的。但用「易」者如果不收取報酬，則「熵」必會多數傾於受易者身上；如若收取報酬，則「熵」必會多數傾於用易人身上。且報酬越多，想來承受的「熵」害越大，報酬越少則少害。反之，受易者付出報酬越多，想來消解的「熵」害越多，付酬越少消害越少。如此看來，受不受「熵」害，在用易與受易者雙方面是公平的——一切在乎自擇。

尤為重要的是，可操作性原理還向我們所有的易者和全人類，提出了空前的警醒和難題：在創造、享受經濟繁榮和科技進步的同時，我們人類如何才能把「熵」害化到最小？上蒼把地球給了我們人類，它不是要我們去破壞、毀滅她的，它是給了我們一個需要愛護的，屬於自己的家園。

三 系統求和原理

在幾千年易學發展過程中，一代代的用易者和先賢們創造了許多門類的易學方法和技術，使得應用易學影響深廣、流傳至今。但遺憾的是，應用易學發展至今，其背後所隱含的原則和原理卻鮮爲人道破——這也許是某種天意。「系統求和」原理，便是筆者「無意間」偶然「撞」出的。

曾有一朋友，每逢事業阻滯時，便「玩物喪志」打麻將牌「輸」錢，連戰連敗，賭運極差，但每每如此之後，其事業便忽見好轉，遂心所願，以至輸錢成爲其「不可告人」的人生秘笈。有一次，他偶然告訴了筆者，請我以「易」釋疑。受其啓發我反覆思量、推衍甚至借用其故計，歷時一年餘，終爲我悟出了「系統求和」原理——原來他以小運之差（賭運）激增了大運之好（事業）。「反者，道之動」——老子不愧聖人！

所謂系統求和原理是這樣的：在任意人、事、自然系統運氣範圍內（有限或無限），我們可對其各類子系統進行類似「求和」的定義，這時構成整和系統的各子系統之運氣間，在大系統內必會表現出相互制衡。

某子系統「運氣」增加、膨脹，其它子系統「運氣」便會在整和系統內存在相應減少、壓縮的機運，相反，當某一子系統運氣減少、壓縮，其它子系統則存在相應增加、膨脹的機運。任何子系統都必然地存在於某個整和系統中，因此，即便在一包含著任何系統的整和系統中，其子系統也皆受系統求和原理所制衡。

（一）

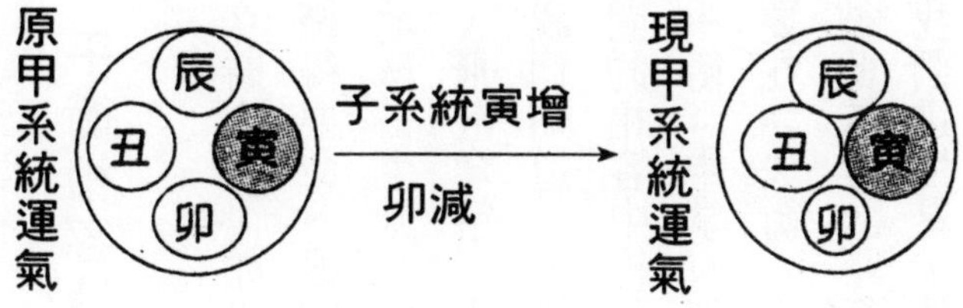

（二）

所以說，系統求和原理適用於一切包含著子系統的各層次、各維數整和系統。在此「增加」「減少」「膨脹」「壓縮」等非表象之意，運氣增減等，其實是「看」不見的存在。

原理圖示如上：

系統求和原理在易學應用中用途廣泛，極具威力。大宗的易學應用中皆須依此原理而進行調測——特別是在風水和獲運、改運方面以及政經爭鬥中。民俗中常言情場得意、賭場失意或情場失意、賭場得意，其實也不無奧妙，竟也暗合著「系統求和之理」。

另外，系統求和原理無形中道破了應用易學最高境界之「外應」的堂奧

——原來任一子系統的變化或強弱、吉凶、趨向，都兆示著特定整和系統內其他子系統運氣性狀的運變之機，反之亦然。

四、平衡相容性原理

今時今日，如果還有誰敢站出來說他完全靠自己而生存，那此人不是過分瘋狂，便是傻得要命。很明顯，他得靠天靠地、得靠吃靠喝、也得靠呼吸和情感等等，不然，地球一生氣，把「給」他的萬有引力一撒手，再吹口氣，此人便一定塵埃般橫空出世，飛散穹宇，化爲烏有。

我們知道，人的生存本身就是一種平衡，而這種平衡是在與自然、社會和親朋、同事間的相容中維繫和發展的。個性、才力與生命見容於自然、社會和人群，你便可在「平衡」中享有健康和成功的榮耀；個性、才力與生命不容於自然、社會和人群，你便要在「失衡」中面對病害和失敗的摧殘。

彼此依存、平衡相容式的「天下一家」，在這網絡化的時代，越來越近乎理所當然。我們這世界，是旋轉著的多米諾骨牌，無須勞駕他索羅斯，也許泰國街頭的某一報童哪天沒賣出報紙，已足以導致東南亞金融危機?!

其實，平衡的相容及不容是事物所固有的性質，而應用易學中更有與系統求和原理相伴而生的平衡相容性原理：個人與事物的存在性狀乃至運氣，是依其場效結構（包含著信息、能量）而動變的，然而其內在過程卻是依「場序」的平衡而完成的，每種場效結構都引發相應之場序的變化——調整——平衡，但這種平衡不是一一對應、靜止存在或單向產生的，它是一種不斷流動、交融和隨機變化的平衡，且無止無息地不斷相容產生。

而人、事場序的互為力動和相容，正構成了個人與事物整體的平衡與連續。平衡相容性使人、事絕無單一平衡存在，而是因果交融、牽一動萬。且必然地有著平衡的正態、負態和模糊態之分。

平衡相容性原理的根本依據，是時間的場效應特徵和時空統一性，它更堪稱是對天人感應學說最完美的理論解答，因此其實用價值不言而喻。比如「糾纏」了人類千百年的「兆」——古人憑奇特的龜裂可斷家、國的吉凶，今人憑怪異的雞鳴狗吠可知天地災變；傳說中「八三四一」的天機早兆，弗洛伊德析夢察人心的不可思議等，凡此種種，不過是平衡相容性原理在默默地起主導作用罷了。應用平衡相容性原理去洞察人、事的預兆，則易學「外應」之法當可揮灑自如。

同樣，對易學應用的科學性、可行性，我們除了用可操作性原理解釋外，更可進一步由平衡相容性原理導出——由已知人、事場效結構的特徵（如時間卦例）必可推衍出即將產生的各類場序變化特徵，因此推導出的卦象與卦數解構，使預測之類成爲眞實且可信的運算。而其他調測，可更利用平衡的負態、模糊態等去達到反向實施的目的——測行合一。

風水學是最具影響力的應用易學門類之一。在此，平衡相容性原理除了是風水學的理論依據外，更可直接用於指導風水實踐——將平衡的正態、負態和模糊態形式盡潛其中，通過對環境存在特徵的認識、調整、優化，及對人、事場效結構的利用、把握，必可營造出最佳的場序平衡。這樣，「風水」必能完全走出迷矇，以其理性和科學性，更好地服務人類。

平衡相容性原理蘊含深刻，用無巨細，效應自在，甚至佛家之廣大無邊的「緣起」說，也可以之簡言賅意。佛家的「緣起」說是其一切教義和修行的前提和基礎，我們姑且放開因果、輪迴，涅槃等佛理不去研究，僅是一個平衡相容性本身，似已足以道明萬事萬物的因緣適變、循環生剋等。而人類即使擺脫了「十二因緣」之束縛、跳出輪迴，可平衡相容性還是會把我們帶入第十三、第十四等等的因緣之中。看來，歸於自心，不僅是易學，也是佛家在現實世界中的終極境界。而對平衡相容性原理的「反動」，於應用易學愈顯意義深遠。

五、運氣可公度原理

一九九八年的春天是暖人的，因爲這個國家終於又有了願意鞠躬盡瘁、死而後已的人民公僕；一九九八年的春天又是充滿寒冷與悲情的，因爲中國足球隨著冬去春來又輸了，這種寒冷和悲情也許會穿越春天，使夏天也寒涼和冷靜些？噫，中國足球輸了這麼久，爲什麼？

其實，既不是輸在體能，也不是輸在技術；既非激情不足，也非理性欠缺；既不關隊員信心不夠，也莫怨教練之無能、無助。向以聰明著稱的國人，竟在小小的足球上，一而再、再而三地**輸於智慧**。

提到中國足球，已足以引出應用易學的第五大原理——運氣可公度原理，它對中國的體育事業也許有著直接而深遠的裨益。任意一個處於其大無外、其小無內之間的人、事集合，其中的每個個體的運氣是可以定「量」調測的，而此集合的所有個體運氣，更是可適當進行比較和衡「量」的。比較、衡「量」後的優化選擇、有機組合，可使該集合的所有個體與整體運氣各遵其時、各安其位，並有益利用、有效利動，這樣，個體與整體集合的最佳狀態和經過「公度」的有效運氣，便可充分實現，是爲運氣的可公度原理。

我們知道，中國男子乒乓球隊、中國男女排球和羽球隊等團體，皆因用了傑出的「少帥」而得以振興和成功。我們不可否認，少帥們的才智、努力與精神（及運動員的團結配合）是其成功的關鍵，但要知道的是，運氣的內核，也許更是其成功的根本——中國上上下下的傑出「少帥」有不少，而運氣不佳的失敗少帥更是很多。其實，上述團體之少帥成功的根本標誌，乃是啓用他們的人自覺不自覺地實踐了運氣的可公度原理。

體育界在選擇教練和運動員等方面，與其僅僅是依據其才智和精神去大比拼，不若同時在共有的才智與精神基礎之上，去「公度」運氣——用人，就其本質來說是精神與「運氣」並用，萬事俱備，更要不欠「東風」才行。體育界當如此，科技界、文教界、醫學界、藝術界、商界等等，又何嘗不是如此呢！

我國古時多有「懷才不遇」或「入錯行」之人，除了古時親權體制和個人運蹇之弊因外，總是不「被」從上至下地體察精神公度運氣、比較優化，不能不說是我們這泱泱大國在用人上的千古遺憾。當然，這裡面還有整體大運對個人小運的強化與選擇問題。

生活中，常有「我不在狀態」或「某某人不在狀態」之類的說法，此即個體運氣在人們不自覺地「公度」下的印象。一些競爭激烈行業的用人者，總懂得把並非最好但「在狀態」的人推向前台，如此常常獲得極大的成功；而那些不顧運氣，一味蠻用「狀態不好」的用人者，甚至「自用」者，難免總是慘遭失敗。

枉顧運氣的「公度」，不僅僅要面對一些挫折，還要不時面對諸如美國航天飛機橫空爆炸的人寰慘劇，以致枉顧人命。可以說，運氣可公度原理，不論在正反兩方面，皆有益於社會人類的進步。

寫到這，中國足球之「輸於智慧」已不言自明了。

祈望中國足球能早早地從上到下公度運氣，千萬不要落到傷盡了萬千足球人和球迷之心的地步！從上到下地「智慧」公度，用人者啓用傑出而最具運氣的球員們，球員們更自我公度，使「狀態」最佳，能如此，則中國足球便有了與世界足球「公度」

運氣的資格，出線不在話下，十年內更理當在十六強之列吧？——作爲中國足球最忠誠的球迷之一，我深深期待著。

運氣可公度原理的應用，可發揮各行各業的每個人和團體的最佳潛能和狀態，事半功倍；又可揚長避短，使勞心勞力的國人，少一分不該有的遺憾，多一分坦然的微笑，人人得以盡其才智。

第六章

索易心旅

易學的現實常常是令人困惑和悲哀的，但對易學現實和未來的沈思卻常常是令人激動與欣慰的。因爲對現實和未來的沈思，總是會警醒我們的情懷和靈性，使我們在意想不到之時進入易的生命。求索易學眞理的道路上充滿艱辛，但易者心中的聖火卻必須永不熄滅。以下是我對易學現實與未來的幾點探尋、思索。

一、時空當量法及應用設例

一九七八年，美國人A·彭齊亞斯和W·威爾遜，因論文《在四〇八〇兆赫上額外的天線溫度》而獲得了諾貝爾獎。瑞典科學院在頒獎決定中指出，這「是一項帶有根本意義的發現：它使我們能夠獲得很久以前，在宇宙創生時期所發生的宇宙過程的信息。」這兩位美國科學家所發現的這種微波噪聲源自其論證的「背景輻射」。而科學已經認定：宇宙的背景輻射是維持宇宙本身存在的一種必不可少的運動，它一直存在著——甚至在「宇宙剛剛形成的頭幾分鐘內。」

易學家張惠民感到，這「背景輻射」就是兩千多年前老子和道家所說的「炁」，也就是「氣」，他從更爲古老的「風水學」找到了現代科學的註腳——是和宇宙背景能量（即氣），打交道。

我們不必為自家兩千年前就已發現和應用，今日卻被老美的一篇短文搶了頭彩的東西而扼腕。因為背景輻射的發現不僅極具科學價值，而且使如張惠民般的眞心向易者有機會重新估價和定位自己的易學，更重要的是它可以在易學之外，終於讓世人相信並知道：

我們今天這世界、甚至整個宇宙，不過是同一個時空的不同存在和不同延續，萬事萬物皆「受制」於一個共同的能量背景（炁），而時間從原初開始即是世間唯一可確定且恆久不變的物質、能量要素。其實，所謂**命運**（人、事）就是「**時間選擇**」，而命運狀態即時空的存在與延續狀態。

(一) 從時間卦、場效應到時空當量

站在易學的立場來看：既然命運（人、事）就是時間的選擇，既然時空是統一的，既然時間「結構」著世間的一切，既然時間卦可以精確地復述時間結構特徵，既然時間卦本身就蘊含著場效應並能最有效地應用場效應，那麼，我們似乎必然地要去找尋時間之門，以重新審視和了解易學的本質。

時間卦雖然蘊含著場效應特徵，但它無法以統一的數量來表達一切易學的時空特徵，因此，我們必須引入作爲時間卦及其場效應特徵的數碼表達式的**時空當量**——時空在易學中是統一的，時間卦原理更是完備的，因此我們可以以時間卦爲基礎，數碼化地「計算」出既能代表易學時間，又能代表易學空間的「等效當量」，以此表徵和確定任何時空背景下人、事狀態的趨向與結果。時空當量法是對時間卦和時間的自然歸結，其數碼表達式爲：E＝（A＋S）－T²，其中，E代表時空當量，A代表隨機相量、S爲空間相量、T爲時間相量。

本公式稱爲三相時空當量式，簡稱東方公式（取英語單字EAST——東方）。三相量的具體運算本篇從略，現僅將E的值效與內涵簡介如下：

時空當量所表徵的是時間卦及其場效應的普適易學內涵，因此，其定性表達的相互對待的存在與動變狀態和趨向，不外乎以下諸類：正、反，吉、凶，好、壞，對、錯，動、靜，眞、假，實、虛，利、弊，上、下，強、弱，生、死，善、惡，忙、閑，老、少，輸、贏，遠、近，慧、愚，主觀、客觀，貴、賤，胖、瘦，高、低，是與非等各類人、事性向表達。

但當E爲正值時、表示主觀原因造成的變化和結果，E爲負值時，表示客觀原因造成的變化和結果。

E值有效範圍主要有（細劃從略）：

1 |E|=0 最有效值，代表所測人、事性向的必然。

2 |E|<0.99 次有效值，代表所測人、事性向趨近。

3 0.994|E|<1.33 半有效值，代表所測人、事性向的可能。

4 1.33<|E|<1.99 失有效值，代表所測人、事性向的趨遠。

5 1.99<|E|<2.33 次無效值，代表所測人、事性向的可能不。

6 |E|>6.33 最無效值，代表所測人、事性向的必然不。

(二) 時空當量法應用設例

時空當量法的應用範圍廣泛，只要能以本書第三章所述的時間卦，進行調測和描述的事物，都同樣可用時空當量法來求解。限於篇幅等原因，本節只選介幾項應用設例，均是筆者從兩百多例應用研究中抽取出來的，其易學特徵和背景眞實，簡錄於此，作爲對時空當量法的歸結。

爲尊重求解對象的權益和研究需要，現對人、事和時間、地點等背景略作改動和簡化，並以設例的方式簡介如下：

1　對方有虛，小心欺詐

香港珠寶商王某，欲攜一大批優質珠寶首飾往內地某城市委託交易，因受托方B只同意付小量訂金便要留下全部珠寶，故王某深恐其中有欺騙成分，故求測生意眞僞。據其時，得時間卦，代入東方公式，求得E＝－3.71

判斷爲：對方有虛，小心欺詐。

於是王某拖延行期，稍後知其同行中已有人爲B所騙，手法相同，王某慶幸不已。

2　車毀而人不傷

成都某酒店負責人鍾某，一次與我和多位朋友一起吃飯，席間鍾某說自己從來不相信易經可測事，並笑言自己常開車，不妨測測最近安全否。據其時，得時間卦，求得E＝3.6

筆者判斷爲：一個月後的今天可能有車禍，不必信我，但最好那幾天叫司機開車，保車毀而人不傷。（大家一笑了之）

一個月後某日，鍾某請我吃飯，感激不盡，原來比所測遲一天，果發生車禍，因有經驗的司機開車，鍾某僅受驚，司機小傷，修車費兩萬多元。現鍾某竟「迷信」易學。

3 國際代理權談判

大連某公司與另外幾家企業和個人，爭奪法國某產品的亞洲代理權，其負責人利某求測談判情況及策略、能否勝而得之。據其時，得時間卦，導入東方公式，求得$E=0.34$

判斷爲：此代理權必爲其公司所爭得，且談判時當對法方立場強硬，一個月可談妥。

後來，利某果然獲得代理權。

4 你有自殺傾向，但你算是個天才

青年作家杜某，久居古城，作品很少，但篇篇出色。在某次文化座談中，杜說自己寫作的秘訣就是不寫作。那次活動結束後大家聚餐，有人爲他看手相玩，信口胡言，杜不屑地搖頭，於是我在旁看錶，想主動爲他測測**心性特徵**。據其時，得時間卦，默算導入東方公式，求得$E=-5.55$，頗驚奇。

判斷爲：你精神走得太遠了，你有自殺傾向，但你天分極高，算是個天才。

杜某良久無語，竟與我重重握手。人心是一道風景——其後兩年內，杜曾因感情之事自殺兩次、未果。而其近期作品雖更少了，但也更精彩了。相信他終有天才得用的時候。

5　早知道你選不上

東南亞某國議員W，爲人自信有餘，常來國內渡假。經港商王某介紹相識，求測歲末與人競選一要職可勝否，未待我測已誇誇其談他的獲利法寶之類。據其時，得時間卦，導入東方公式，求得E＝－1.31。欲言時，又被W打斷，言其必勝信心，於是等他說完。

判斷爲：機會均等，但你勢稍弱且參選不利，向其他方向發展或等待爲上。W面有不悅，再無後話。年尾，港商王某告訴筆者，W百十票之差落敗。我無言暗嘆著：聰明反被聰明誤，早知道你選不上。

6　絕不能放棄

某縣糧食局，年輕的新任局長原某，在核帳時發現了前任局長懷某的貪污及違紀行爲，於是打報告要求查「懷」，但懷某勢力頗大，不出三四個月「原」反自己被查且無端被撤職。年輕的原某一時近乎崩潰，想放棄爭訴，幸與我友相識，介紹來測，我知情後建議他當官司來測，同意。據其時，得時間卦，導入東方公式，求得$E=-1.13$，又參四柱。

判斷爲：此事雖要再熬一段時間，但最多半年，必可打贏，告下貪者，恢復原職，你不能放棄。

經許多正義朋友的鼓勵，原某正四處奔波尋求訴諸法律討回公道，但八個多月已過，原尚未告成貪者，不過「原」已堅強了許多，決心堅持到底。（世間雖自有公理，但參入過多感情因素，以至稍有斷錯時、勢。）反覆檢討所測，我相信年內正義可揚。

7 最後一天沒躲過

香港人方某，略通命理，一九九六年自感不妥，經好友介紹相識，方某一日將自己的四柱給我，並要求測一下當年運程如何。據其時，得時間卦，導入東方公式，求得$E=4.0$，參其四柱。

判斷爲：年內有一大挫折，防官非、牢獄，未月萬事莫行險，方可減小危害，切忌、切忌！

未月將過，方電告一直無事，我仍提醒之並也爲之慶幸，但未月剛過（交節後），好友來電話說，方行險求財被警方抓了，一問時間，竟是末月最後一天未躲過。積善方有餘慶，積惡必有餘殃，古人早知，今人誰明？

8 你是大家

某藝術團作曲蘇君，平時少與人來往，人稱風格怪異、孤芳自賞。經人介紹見面後，一望之下已覺其靈異非凡，他竟也與我海闊天空，無話不談，忽頓住，鄭重問到：「你能測出我將來的藝術成就嗎？」我點頭，據其時，得時間卦，導入東方公式，求得E＝0.39，我對他笑了笑。

判斷為：你是大家，不太被人理解，但將來必如日中天。

蘇君竟也不好意思地笑了。後我們成為朋友，其藝術狀態越來越好，相信輝煌不遠。

9 別再花這個錢了

輾轉認識了汪某一家人，夫妻二人皆放下公職來B市陪兒子學藝術的，交談中知道他們為兒子學藝術，已花了不少錢，某某學院的附中讀下來已是幾萬，要是今年再考上該學院大學部，還得贊助學院不下五萬元，如今他們已欠了親友不少債。他們的兒子倒也聰明，書讀得也不錯，只是目光過於平實，看來並無藝術天分。於是，相熟後某日，爲他們一家測了兒子今年考某某學院的情況，據其時，得時間卦，導入東方公式，求得E＝－2.67，又參看其子四柱，考慮良久。

如實判斷爲：你孩子沒藝術天分，考也無益，別再花這個錢了，不如讓他補習補習考其他非藝術院校吧。

汪夫妻倆只是嘆氣，目光中看出似別無選擇，只有向前走了，後得知其子未考上B市某某學院，汪妻已攜子往S市再考，汪留B市「賺錢」。爲此我沈思良久，暗自長嘆——誰來「救救」這些父母，誰來「救救」這些孩子！

二、索易心旅

㈠ 關於宿命及算命

易學的命學熱，趨向和命學的天命歸依，使人們痛感易學是宿命的。那麼易學是宿命的嗎？當然不是。的確，人是環境和萬物的一份子，受著環境和萬物的影響，甚至支配，但是人卻可以在他的一生中去嘗試駕馭物質、超越精神、擁有生活、體驗生存以至死亡……總之，千千萬萬的人類都有著如此不凡的幸運，這怎麼能說是宿命呢？記得被尊爲易聖的易學宗師邵康節說過：「思慮未起，鬼神未知，不由乎我，更由乎誰？」

我始終認爲，這種人的精神卓立於天地鬼神之上的豪情，才是易學所追求的眞諦，我們每一個人都是在易之「天命」寂然無聲的注視下去爲所當爲的，要知道「千里之行，始於足下。」我們邁出的每一個腳步，都會在天地之內留下「永恆的回聲」的，這正是生存的意義。我想，今日易學的第一要義，應當是以「易」的目光和熱情審視、尋求和追索生命與環境的最完美存在、最有效發展及最自在境界。

那麼，易學等同於算命嗎？一直以來，許多人認定易學是起源於占卜的，其實不盡然。確切地說，占卜只是我們所承繼和感悟到的易學內涵的發軔和契機。不過，循著易學占卜路向所發展出的龐大算命體系，其儘管不等同於算命，不能代表易學的本質，卻也居功至偉地承載了易學，使易學的內核在昏昏然然的算命中得以延續。

但易學絕不等同於算命，因爲易學（參劉正言）包含著易的文化學、易的哲學、歷史學、易的應用演算體系及人物學等等，算命只是演算體系一小部分（且常爲人誤用）。因爲易學除了研究、解釋個人命勢外，更著重研究、推衍和解釋人類整體環境變動趨勢和萬事萬物的發展、變化規律。

高水平的傳統算命術是可以把任何一個人的命勢推算得了然，但卻無力將任何一個普通人「算」成一個大富豪、大企業家、大學者或成功人士、知名人物。比如，歷史上的劉邦和項羽，他們的命運都曾被人推算過，但他們最終的一勝一敗、一高一低，卻只有通過歷史的自在才可以透析清楚——這正是易學的回溯與含容力之所在。

現實的易學還離不開算命的炫技，但易卻提示我們更多，應該遵從自己生命的大方向，遵從天命的大方向，而不去對命運的細節「錙銖必較」；同時，如果僅是算命，而不以良好的易學觀為指導，尋求趨吉化凶，處之泰然的最佳心態和方法，則命算得再準也沒有實際意義，甚至會成為負擔和危機。

易聖康節被稱為古來算命的第一活神仙，但史料有載：「張橫渠喜論命，因問康節疾，曰：『先生推命否？』康節曰：『若天命，已知之矣！世俗所謂命，則不知也。』」這裡，康節先生其實已為我們一語廓清了關於易學與算命的迷矇。

(二) 易學與文化精神

易學的文化價值已經勿庸置疑了，幾千年來它畢竟負載了華夏文化的眾多精髓。

作爲五經之首，易學是無可辯駁的中國文化皇冠上的明珠，儒家文化對中國影響至爲深遠，而儒家文化泰斗孔子，是懷著敬畏的心情從易學之中汲取文化和精神靈性的。綿延萬年的易學，令世世代代的才子、文人、甚至英豪、帝王們競相俯首折腰，奉若神明。

也許歷史終將告訴我們——不知易，不足以言中國文化。

易學是中國文化的內在傳動力與創生之源。余敦康更指出，《周易》在中國文化中的特殊功能是，它是「**一個立足於和諧的操作系統**」。在其《易學今昔》中，他論述道，周易的成書史，「本身就相當於一部中國文化的發展史，或者相當於一部中國文化精神的生成史。……卷之則退藏於密的『易』道，因而理所當然地被後世公認爲代表了中國文化的根本精神。」

我們知道，易學與占筮相孕而生，而對於占筮文化，有學者指出——「占筮文化是社會上層建築中先進的東西，那裡寄托著處於蒙昧狀態的人類，對於天、地、人關係的探索與追求，蘊含著原始人類與自然進行對話的理想和嚮往。可以說，不經過占筮文化的原初階梯，就不可能有今日的人類文明。」此論正道出了易學與中國文化精神的淵源。

對於易占與中國文化精神，劉正曾慷慨而述：「據統計，中國現存古書中只有兩類書數量最多，即『易』著和《杜詩》著。這似乎在暗示著我們在那王權集中、獨尊儒術的封建社會中，人們對情感的追求（詩的國度）與對哲理的探索（哲學的民族），統一在歷史文化傳統和文化心理結構這兩大框架之中，並且這裡又積澱著人們對天人關係和宇宙規律的探討。在《周易》這一框架下建立了中國哲學、中國醫學、中國美學、中國軍事學、中國建築學、中國法律學、中國數術學、中國倫理學……由此也就形成獨具色彩和旺盛生命力的中國文化！」

在易學大背景下所形成的中國文化，其文化精神極具生命力和恆久意義。一方面，中國文化精神的某些層面是躍躍超前，這使得中國文化精神浸染下的許多國人身上，似乎永遠有著某種內在的慧力與氣概，這是任何文化和民族精神所不可望塵的；另一方面，中國文化精神的某些層面又是呆呆滯後，這使得無數次外力與異文化的衝擊、侵擾與戕害，也消蝕不了中國文化精神的內在神氣。「反者，道之動」，中國文化精神的生命力與含容力因此得以更好地留存。

由此看來，無數國內外聞人所「預言」的，「二十一世紀是中國文化的世紀」想來理所當然。

㈢ 易學的科學價值

易學眞的具有科學價值嗎？儘管並未有人直接這樣發問，但許多人在談及易學時的表情和在易學面前的蒙昧無知，常常使我「聽到」他們的心中在如是疑問著，而這一問，實在是令人痛心疾首的！

對於易學的科學價值，有太多的人不以爲然。因此，說易學是科學中的科學，更是常常被人們甚至科學家們斥爲痴人說夢、夜郎自大。是的，中國在近代不管是在經濟還是科學方面，都遠遠地落後於西方，但這是不足以抹殺易學的科學價值的。請記住，曾於近幾百年誤盡國人的並不是易學，而也許正是易學的沒落使然，正是因爲我們未能有效地傳揚、領悟、發掘和破譯易學。我們知道，**人類在科學和整個社會文明方面的每一次重大飛躍，都是以對時間和空間的超越爲標誌的**。比如我們人類從乘馬車、小木船到乘汽車、輪船，乃至今天的飛機、穿梭機……這些運載工具本身便印證著各個時代的進步和特徵。

在這裡，我們可以自豪而驕傲地告訴世界，古今中外，從沒有哪一門科學可以有如易學般，把天地時空融如一體，使徹底超越時空成爲可能；更沒有哪一門科學可以像易學這樣，在時空超越中，自在地演繹著全息的宇宙！其實，只有還易學以科學的本來面目，只有通過破譯易學，我們人類才能徹底超越時空，徹底提升自己的科學和文明。我認爲，我們中國文明昌盛的下一次振興，必將以易學的振興爲最主要標誌。

張延生在其《心易》中指出：「當前世界上許多最發達的國家都在研究《易經》。如美國、日本、義大利、西德、法國等等，都在搞《易經》研究，並有專人成立了《易經》研究所。日本的《易經》研究所、收集了世界多種版本的《易經》書進行研究。美國成立了世界性的《易經》研究會。義大利《易經》研究會有十二萬會員。全世界都對東方的《易經》感興趣，這已說明《易經》是門科學了。」

易學的科學價值，其實是早已透過一些科學人和科學發現，而昭然於世了——德國數學家萊布尼茨揭示了六十四卦的二進制科學之謎，並以此建立了二進制計算機語言；李政道、楊振寧，在《易經》思想的熏陶下，借助「易」的科學理念，而獲得重大成就，取得諾貝爾獎；量子力學創始人波爾，在被封爲爵士的時候，選了中國的太極圖作爲他的徽標，象徵著中西科技文化的融合；現代遺傳科學中ＤＮＡ六十四種組合的發現，隱隱地暗示著易學的生命內核和科學本質。而「《周易》八卦的分衍原理和近代場論是殊途同歸的。」這一發現，更是印證了易學的科學力量……

然而，世人在癌與愛滋病之外，卻常常共有著兩大精神頑疾：其一、永遠的偏見；其二、總能證明自己錯了（但常常晚了）。越是那些卓越的頭腦，越是有著「卓越」的偏見和錯誤力，甚至一些大科學家。但一錯再錯，偏見依舊統治著人們的頭腦，這一點，在對易學的科學價值認知上尤甚！

易學是一門超科學，其科學價值和科學光芒還遠未照耀到我們人類身上。因此，今日的易學研究，實在是需要一大批第一流的頭腦和第一流的科技人才……需要他們全身心地投入其中，予易以無限的愛、感慨和慧承——有如愛因斯坦之予相對論、李白之予詩情、老子之予道和自然，或霍金教授之予時間、宇宙……

(四) 關於「時、中」

漢代易學家惠棟在《易漢學》中指出：「『易』道深矣，一言以蔽之曰：時中。」這裡，「時中」所涵指的是對易學整體把握的方法論層面，它是對易道及易學精神實質的總體概括。

時也，順時而動、因時而立；中也，動而須中，中而有常。「時」的概念充分抽象，「中」的概念極盡朦朧，這點染了易學精神的最大特點。對於「時與中」，直接間接的深衍，便形成了易學文化、中國文化的千姿百態。「時」融合了天、地、人，「中」則瀰漫了天、地、人。

這與臺灣國學學者南懷瑾所推崇的易之「時」與「位」實乃異曲同工，同樣揭示了人與環境的一種和諧共振的關係，一種通達的動態過程。

「時」與「中」更互為表裡，互為陰陽，這無疑揭示了太極結構與易學文化的淵源和深層意義。當然，「時」的概念不能等同於單純的時間概念或「時間卦」體系，但它卻完證了易學文化的科學精神與哲學基礎，這也許是惠棟等所始料不及的吧。

而對「時中」，惠棟之後的易家，多注重對「時」的理解和把握。在《周易折中》中，蔡清說：「有隨時而順之者，有隨時而制之者。易道只是時，時則有此二義。」今人余敦康承接前人總結道：「六十四卦所代表的六十四種不同的『時』，實際上就是以象數形式構造而成的六十四種關於社會政治秩序的模型，其中有的和諧、有的衝突……但大體上可歸結為治、亂、興、衰四種類型。」

我們知道，易學中稱陰陽大勢之「消息盈虛」的秩序為「天行」，而「時中」當是對「天行」的最好總釋——得其「時」者，若失其中，則雖可得意一時，但終歸天譴失勢；守其「中」者，若不得時，則須待天，也許終能得時而通達；而「時中」兼得與守者，自是天行健，君子以自強不息；而若旣失其「時」，又不能守「中」者，則即自棄更爲天所棄。以上所述，正構成了所謂自然和諧。

另外，「時中」的思想更含有充分的道德意味。因爲「順天時，守中正」之類思想，畢竟是我們國人和中國文化中，一種永恆的民族性的美德與自律精神。

(五) 易學理論中的眞空

史蒂芬．霍金教授對「好的理論」有如下概述——它必須在只包含一些任意元素的**一個模型**的基礎上，準確的描述大批的觀測，並對未來觀測的結果作出確定的預言。……科學的終極目的，在於提供一個簡單的理論去描述整個宇宙。……

其實，易學正是這樣一種「好的理論」。它如此簡潔，卻又如此完備，既有最有效的模型，又可準確地預言未來。我似乎隱約的感到，不管是描述所謂「大尺度結構」還是處理「小尺度現象」，易學模型都應綽綽有餘——不管是現代生命科學、計算機科學、愛因斯坦相對論，還是量子力學，甚至黑洞、大爆炸、虛時間、奇點、超弦理論、宇宙求和等等，終有一天相信都可任意嵌入「易」之陰陽八卦模型中。

也許，我們易學所唯一缺少的，乃是與易學陰陽八卦模型相適用的一整套精確的數學演算體系，這是易學理論中的眞空，找不到它，是我們所有易學者的不幸。

當今世界數學與物理學的發展，已成爲科學發展的主要動力和依據，因此，我們的易學也必須向自身的眞空地帶引進鮮活的空氣——現代數學、物理精華，使之與易學的完美模型相適應，進而建立起一套有效的數學演算體系。

在這方面，《太極太玄體系》一書先走了一步，以之爲楷模，相信今日的易學者們一定會共同努力，使易學早日走出幽玄混沌，進入陽光明媚的新時代。惟如此，易學才能成爲時代的易學、民族的易學、世界的易學。

(六) 再談時間

時間在大爆炸時有一個開端——這是現代物理學對時間的認識。

劉正指出：「哈伯常數與哈伯天文學體系對宇宙大爆炸學說的揭示，實際上已經回答了《周易》預測的客觀基礎與時間差問題。……時間倒轉！這是不可設想的局面，但也許會出現於若干的天文數字年之後。而預測之理論正是利用易學理論，去超越時間差進入時間倒轉階段，以此可以實現對過去和將來的預測。」

我們知道，不管是過去、現在還是將來，它們在本質上都是一種時間現象，時間

「牽引」著物質和事物，實現其全部內涵，所以說，如果時間結構的描述足夠精確的話，如果「時間卦」和「時空當量」的演算能夠找到完美的數學方法的話，我們以之描述和預測事物（不管過去、現在還是將來的），便是理所當然的了。

我在前文已經提到，六十四卦的全部內核是時間、時間場、時間卦，而六十四種遺傳密碼決定全部人類生命這一驚人發現，幾乎暗示了「一切生命態、物態都源於時間並可以時間場、時間卦及時空當量表述」這樣一種假設，如此以來，一切秘密似乎已湛然眼前——時間統馭了一切？

也許時間是一切存在的背景和前提？這正是「其大無外，其小無內」的依據。

也許時間有始有終、卻又虛空無限？惟易學賦予了時間以生命特徵。

也許時間是最大的軟件系統、構成了宇宙全部的智能運算？

也許從人到神、從大爆炸到黑洞、從上帝到「第一推動力」、甚至從中國足球到二千年奧運，宇宙萬物之道皆歸於時間。

也許宇宙和時間眞如霍金教授所言，產生於一粒「豌豆」？

然而令人遺憾的是，在時間面前，人類至今仍無大智慧可言：大自然是如此寧靜而有序地與時間永恆同在著，而人類卻總是在喧嗔與混亂中，耗散著自己有限的生命光彩……

㈦ 關於憂患意識

劉正先生在其「當代易學研究的困境」一文中，有一段感人至深的肺腑之言：「而更令我擔憂的一個不容忽視的事實是：不少易學家丟掉了《周易》哲學中的憂患意識與生生不息的進取精神。即，當代易學家的生命情調中遠遠不及作『易』者及古代易學家身上，所表現出來的那種對宇宙人生和社會的憂患與參與意識，以及力求革故鼎新的奮發進取意識。上述思想在當代易學論著中罕有言及。也許，這種意識到陳寅恪身上已是終結，並隨著陳寅恪先生的逝世以及對馬列信仰的淡漠而消失得乾乾淨淨？這才是一種無言的悲哀！」

劉先生予「易」的衷情和赤誠，於此躍然紙上。

「憂患意識」是「易」的原初意識和精神實質，也許它也是「易」的終極意識和至高境界？「憂患」之說歸結於北宋李覯，他在《易論》中曾經十分感慨地指出：「噫！作『易』者既有憂患矣，讀『易』者其無憂患乎？苟安而不忘危、存在而不忘亡、治而不忘亂，以憂患之心、思憂患之故，通其變，使民不倦，神而化之，使民宜之，則自天佑之，吉無不利矣。」

我們已經被拉進了「網絡化」時代，但不管科學技術如何衝擊或「干預」生命，它畢竟解決不了生命——特別是人類生命的靈魂依歸問題。念及此，我曾作了一首「戲網」詞——增字《踏莎行》：

英雄末路，網上談兵，一鍵又怎比一劍。

不出户亦知天下？老子道時正幽古。

鍵飛屏舞，網際生花，無「憂患」網網行尸。

女人心似花無眼（何以接口？），男人在處有深山（誰爲入網？）。

我以爲，我們今天的易者，必須把「憂患意識」作爲自己讀「易」、研「易」與用「易」所普遍遵循的精神指引。

由於「易」是變社會、個人及任何事物之無序態爲有序態的最佳途徑和最有效手段，因此，我們爲易者必須以天下爲己任，常懷憂患意識，惟如此，才能化衝突爲和諧、化矛盾混亂爲保合太和、化無序爲有序。而如此，一個易者的生命意義和歷史價值才能眞正灑滿易道之上。

(八) 易者的清明與困惑

古來最能體現易者之易道清明的，有人說是易占，易者若能「知慮絕人，萬事前知」，則必爲時人及後人所景仰，流芳身後。然而，最令古今之易者困惑的，卻也恰恰是易占。對於占斷之後何事當言，何事不當言；何人當言，何人不當言；以至言之多少，言之實虛等等，易者們常常衷腸困斷、腦汁絞盡，仍無法把握其易理尺度。易法自然，易占是否有違源源易道？易法天地，不占是否有違鑿鑿天意？

記得小時候常聽老輩們講，天機不可洩露，否則要遭天譴和報應，說者振振有詞，什麼天打雷劈、斷子絕孫、瞎眼斷腿等等，令人對「天機」不勝惶恐。

而學易之後，對於「天機」之類也曾有過一段困惑，但在易道之上行得久了，對易學天地思索與認識得多了，不禁對此釋然一笑。其實形成「天機不可洩露」這一類迷咒的原因，總體說來不外乎兩種：

其一，古來清明的易學先賢們，深恐後之易者無德，使「易」爲奸臣、賊子所篡用，禍害天下，爲害人間，故以駭人之語警示後學，讓那些心術不正的「易賊」有所收斂，如此長期傳承，竟至深入人心，成爲鐵石之言。

其二，中國幾千年封建王朝的沿續，使每一位統治者，都妄想一切權力與大智慧都盡在己手，而不能爲他人所知、所用，他們一貫地採取愚民的政策，利用民衆對「命運」、「天機」的困惑，如此馭言以壓剝民心，愚化衆望，實現其統治。

但歷史的事實是，易從來是爲正、邪所兩用的，一如今日的槍、炮，甚至核彈之類。「天機」往往你來我往，各爲其利，各爲其主，各爲其義，從來未曾少「洩露」一點。倒是平民大衆們，萬古不易地始終對「天機」之類敬畏三分。其實，從上古至今，有多少洩露了「天機」的易者們，不但未遭什麼天譴，反倒名垂青史，功及後人——象文王、周公、姜太公、張良、諸葛亮、邵康節、劉伯溫，這些歷史人物、易道高士，他們不是各個風采熠然、光彩照人地走完其一生的嗎？

古人、今人都曾有類似善易者不占，善占者不言之論，此論確十分盡理。我以爲此二論乃是我們今天爲易者的道德依據，更是對我們易者之淸明與困惑的最好疏廓。

當然，足令我們今日之易者釋然的是，應用易學的測不準原理和可操作性原理等，決定了易學自在而美好的前景——一方面，「測不準原理」使超越「本份」的易者和不當之占、言，必然難成大勢、無功而返；另一方面，可操作性原理在使易者言易成理之外，更可以「熵」害阻嚇超越「本份」而言之多妄的易者，使之莫敢越雷池一步。雖然清明與困惑看來永遠是易者的心靈狀態，但易道本身卻是永恆與自足的。

噫！易其至易哉！

面對變幻萬千、異彩紛呈的世事，我們為易者要順應易道，更好地占之在心。而面對紛繁複雜豐富多彩的人心，我們為易者要尊乎天理，更多地言之在心。

(九) 關於先、後天八卦圖及太極圖的遐思

我們知道，河圖、洛書已然是先、後天八卦圖的數理表徵和演算依據。但不管「河圖」與「八卦」是不是「各自保有一套系統」，也不管易經是不是「發凡於河圖洛書」，甚至不管「河洛」的「波動性與粒子性」如何置換，對先、後天八卦圖自身結構和機理的研究和認識，想來仍舊最有助於我們了解「易」的本質，頓悟易學。

先人在解釋先天八卦圖的排列規律時用了以下四組詞句——天地定位，水火不相射，山澤通氣，風雷相薄。於是先天八卦圖排列如一一二頁圖：

參照此圖，我們如果把先人的四組詞句打散，便會發現如下的四對卦應：☰——☷，☵——☲，☶——☱，☴——☳。而如果我們再把這四對卦應一一打散，則只剩下一種對應——即陰與陽（⚊與⚋）的對應，而這一對應正把我們帶回到了八卦體

先天八卦圖

系與易學產生的原初。受此啓發，我覺得先天八卦圖是指描述物質世界的原初狀態圖。它呈現的是一種靜態場效，它的結構不是「相對穩定」，而是絕對穩定（因爲沒有向外的能量交換）。因此，它孕含著比原子核裂變更大又比一口氣更小的能量，世間萬物（包括人之初）的原初狀態和結構皆如該圖，它甚至就霍金教授所預言的那粒創生了宇宙和時間的「豌豆」圖，它更是「其大無外，其小無內」的終極圖釋。

至於這種「絕對穩定」發生能變的機理，它創生宇宙、時間及生命的機理，乃至不同能量的自控機理，正是我們研究的方向。

再看後天八卦圖，我想，發現後天八卦圖的人一定「功力」超凡，他手裡擺弄著無窮的

後天八卦圖

能量，竟可自由地在某種有限與無窮間優游！不管他是從後天狀態返回到先天，還是從先天狀態進入到後天。總之，他一定握有任意出入和控制場效與能量的秘鑰。

後天八卦圖排列上圖：

我們不必打散後天八卦圖，其狀態的不對應已可一目了然。我覺得，後天八卦圖是描述物質世界的生成、變化狀態圖。它是處在相對穩定與不穩定之間（因爲有向內或向外的能量交換）。它是動態平衡，呈現的是一種動態場效。因此，後天八卦表示的能量和結構狀態處在不斷變化之中，世間萬物（包括人）的現實狀態皆受制於該圖。

但萬物只能無限地接近該圖的狀態，而無法（或不存在）達到完全標準的該圖狀態，不

太極圖

然它可能一瞬間已把含罩於其結構、能量中的物質帶回到原初狀態（先天八卦），也許只有極少數氣功高人能眞正感受或往返於先、後天八卦?!至於這種「相對穩定」爲什麼如後天八卦般運行，爲什麼不是別種結構狀態，它的能量如何憑該結構進出交換，它先、後天的存在狀態置換秘鑰是什麼?這些正是我們所要探尋的目標。

綜上，我覺得太極圖簡直就是八卦體系下，一切物質和狀態的普適能量圖式，它也許正隱含著先、後天八卦場效結構與能效間的互相置換、自由進出的機理，甚至它也許正是「時間之門」。

願我們多多探尋，早日由此超越時空。

第七章

古經今鑒

《周易》爲群經之首，六十四卦經文則堪稱《易》之王冠上的明珠。表面看來，它似乎是一部年代久遠的占筮記錄，但在時間的大背景下看，它或許是人類社會唯一一部，跨越時空的心靈與歷史記錄。我認爲，它是橫亙古今的哲學思想豐碑，是無可逾越的人文歷史大鑒，是神秘多彩的文化民情實錄，更是深徹堅實的時間演進簡史。

古經不古，足堪今鑒——

䷀ 乾上 乾下 第一卦 乾

今鑒　無所不能的狀態

懷上進之心、正統之慾、常俗之利、世態之德者正鑒，反之逆鑒

〈經文〉乾。元亨，利貞。

初九：潛龍，勿用。

九二：見龍在田，利見大人。

九三：君子終日乾乾，夕惕若。厲，無咎。

九四：或躍在淵。無咎。

九五：飛龍在天。利見大人。

上九：亢龍。有悔。

用九：見群龍無首。吉。

䷁

坤上
坤下　第二卦　坤　今鑒　無所不包的狀態

屬發韌之初、陰柔之性

隱忍之極、含括之本者正鑒，反之逆鑒

〈經文〉坤。元亨。利牝馬之貞。君子有攸往，先迷，後得。主利。西南，得朋；東北，喪朋。安貞吉。

初六：履霜，堅冰至。

六二：直、方、大，不匀，無不利。

六三：含章可貞。或從王事，無成，有終。

六四：括囊。無咎，無譽。

六五：黃裳。元吉。

上六：龍戰於野，其血玄黃。

用六：利永貞。

䷂

坎上
震下 第三卦 屯 今鑒 盤桓積聚的狀態

心向晦明、徘徊而前者正鑒，反之逆鑒

〈經文〉屯。元亨，利貞。勿用有攸往，利建侯。

初九：磐桓。利居貞。利建侯。

六二：屯如邅如，乘馬班如，匪寇婚媾。女子貞；不字，十年乃字。

六三：即鹿無虞，惟入於林中。君子幾不如舍。往吝。

六四：乘馬班如，求婚媾。往吉，無不利。

九五：屯其膏。小貞吉，大貞凶。

上六：乘馬班如，泣血漣如。

䷃

艮上
坎下

第四卦 蒙 今鑒 蒙昧相關的狀態

我視（蒙）者、位上者正鑒

視我（蒙）者、位下者逆鑒

〈經文〉蒙。亨。匪我求童蒙，童蒙求我。初筮爲，再三瀆，瀆則不告。利貞。

初六：發蒙。利用刑人，用說桎梏。以往，吝。

九二：包蒙，吉。納子吉，子剋家。

六三：勿用取女。見金夫〔矢〕，不有躬。無攸利。

六四：困蒙。吝。

六五：童蒙。吉。

上九：擊蒙。不利爲寇，利御寇。

䷄ 坎上乾下　第五卦　需　今鑒　被動守候的狀態

因環境而滯留，被動守候，待時而進者正鑒，反之逆鑒

〈經文〉需。有孚，光亨。貞吉。利涉大川。

初九：需於郊。利用恒，無咎。

九二：需於沙。小有言，終吉。

九三：需於泥，致寇至。

六四：需於血，出自穴。

九五：需於酒食。貞吉。

上六：入於穴，有不速之客三人來。敬之，終吉。

䷅ 乾上坎下　第六卦　訟　今鑒　牽連爭、訟的狀態

因事牽連之爭、訟

得失糾纏而有依者正鑒，反之逆鑒

〈經文〉訟。有孚：窒惕中吉（帛書《周易》爲「洫寧剋吉」），終凶。利見大人，不利涉大川。

六初：不永所事。小有言，終吉。

九二：不剋訟，歸而逋。其邑人三百戶無眚。

六三：食舊德。貞厲，終吉。或從王事，無成。

九四：不剋訟，復即命渝。安貞吉。

九五：訟，元吉。

上九：或賜之鞶帶，終朝三褫之。

䷆

坤上
坎下　第七卦　師　今鑒

整體以師的狀態

有整體性的目標

出師及行動有規向者正鑒，反之逆鑒

〈經文〉師。貞，丈人吉，無咎。
初六：師出以律，否臧，凶。
九二：在師中，吉，無咎，王三錫命。
六三：師或輿尸。凶。
六四：師左次，無咎。
六五：四有禽。利執言，無咎。長子帥師，弟子輿尸，貞凶。
上六：大君有命，開國承家，小人勿用。

坎上
坤下

第八卦 比

今鑒 親和以聚的狀態

以親和之心而求聚集人群者正鑒，反之逆鑒。

〈經文〉比。吉。原筮，元〔亨〕，永貞無咎。不寧方來，後夫凶。
初六：有孚：比之。無咎。有孚：盈缶，終來有它。吉。

六二：比之自內。貞吉。

六三：比之匪人。

六四：外比之。貞吉。

九五：顯比。王用驅，失前禽，邑人不誡。吉。

上六：比之無首。凶。

䷈

巽上乾下　第九卦　小畜　今鑒　蓄勢小進的狀態

小規模的蓄勢而待進

小規模的進退而求力者正鑒，反之逆鑒

〈經文〉小蓄。亨。密雲不雨，自我西郊。

初九：復其道，何其咎?吉。

九二：牽復。吉。

九三：輿說輻，夫妻反目。

六四：有孚：血去惕出。無咎。

九五：有孚：攣如。富以其鄰。

上九：既雨既處，尚德載。婦貞厲。月幾望，君子徵，凶。

乾上 兌下 第十卦 履

今鑒 堅定實踐的狀態

腳踏實地地堅持實踐

克服困難而量力進取者正鑒，反之逆鑒

〈經文〉〔履〕。履虎尾，不咥人。亨。

初九：素履往，無咎。

九二：履道坦坦。幽人貞吉。

六三：眇能視，跛能行。履虎尾，咥人。凶。武人位於大君。

九四：履虎尾，愬愬（訴訴），終吉。

九五：夫履。貞厲。

上九：視履，考祥其旋。元吉。

䷊ 坤上乾下 第十一卦 泰 今鑒 平安順遂的狀態

凡具備了一定的實力、時機，小往而大來，天地交而萬物進，得失能運籌者正鑒，反之逆鑒

〈經文〉泰。小往大來。吉，亨。

初九：拔茅，茹以其匯。徵（貞）吉。

九二：包荒，用馮河，不遐遺，朋亡。得尚於中行。

九三：無平不陂，無往不復。艱貞無咎。勿恤其孚，於食有福。

六四：翩翩不富，以其鄰。不戒以孚。

六五：帝乙歸妹，以祉，元吉。

上六：城復於隍，勿用師。自邑告命。貞吝。

䷋

乾上坤下　第十二卦　否　今鑒　不交不通的狀態

實力有限，時機不利，大往而小來

得失難運籌者正鑒，反之逆鑒

〈經文〉〔否〕。否之匪人。不利君子。貞，大往小來。

初六：撥茅，茹以其匯。貞吉，亨。

六二：包承。小人吉，大人否亨。

六三：包羞。

九四：有命：無咎。疇，離祉。

九五：休否。大人吉。其亡其亡，繫於苞桑。

上九：傾否。先否，後喜。

䷌

乾上離下　第十三卦　同人　今鑒　天人同感的狀態

人和人聚合在一起，上下和同

有感通天地、天人大同之趨向者正鑒。反之逆鑒

〈經文〉〔同人〕。同人於野。亨。利涉大川，利君子貞。

初九：同人於門。無咎。

六二：同人於宗。吝。

九三：伏戎於莽，升其高陵，三歲不興。

九四：乘其墉，弗克，攻。吉。

九五：同人，先號咷而後哭；大師克相遇。

上九：同人於郊，無悔。

離上
乾下　第十四卦　大有　今鑒　大得天時的狀態

自天佑之，大獲豐收

順天依時，大有所成者正鑒，反之逆鑒。

〈經文〉〔大有〕。大有，元亨。

初九：無交害，匪咎。艱則無咎。

九二：大車以載，有攸往。無咎。

九三：公用亨於天子。小人弗剋。

九四：匪其彭。無咎。

六五：厥孚交加，威如。吉。

上九：自天佑之。吉，無不利。

䷎

坤上
艮下

第十五卦　謙

今鑒　謙遜以用的狀態

以謙遜之姿態和德行

交人處事，立身行世

功高不自居、名高不自譽、位高不自傲者正鑒，反之逆鑒

〈經文〉謙。亨。君子有終。

初六：謙謙君子，用涉大川。吉。

六二：鳴謙。貞吉。

九三：勞謙。君子有終。

六四：無不利，撝謙。

六五：不富以其鄰，利用侵伐。無不利。

上六：鳴謙。利用行師征邑國。

䷏

震上坤下　第十六卦　豫

今鑒　歡愉而致的狀態

因順而動，歡愉而爲所致皆因逸樂與鬆散者正鑒，反之逆鑒

〈經文〉豫。利建侯，行師。

初六：鳴豫。凶。

六二：介於古，不終日。貞吉。

六三：盱豫，悔遲。有悔。

九四：由豫，大有得。勿疑明盍簪。

六五：貞疾：恆，不死。

上六：冥豫。成，有渝：無咎。

䷐

兌上
震下

第十七卦　隨　今鑒　隨時通變的狀態

世事變幻下依勢隨時

物我相通、堅貞而爲者正鑒，反之逆鑒

〈經文〉隨。元亨。利貞，無咎。

初九：官有渝；貞吉。出門交有功。

六二：繫小子，失丈夫。

六三：繫丈夫，失小子。隨有求得。利居貞。

九四：隨有獲。貞凶。有孚；有道以明，何咎！

九五：孚於嘉，吉。

上六：拘繫之，乃從維之，王用亨於西山。

䷑

艮上
巽下　第十八卦　蠱　今鑒　蠱腐危呈的狀態

內質心迷意亂

久安而生腐故疲病者正鑒，反之逆鑒

〈經文〉蠱。元亨。利涉大川。先甲三日，後甲三日。

初六：干父之蠱。有子，考無咎。厲，終吉。

九二：干母之蠱。不可貞。

九三：干父之蠱，小有悔，無大咎。

六四：裕父之蠱，往見吝。

六五：干父之蠱，用譽。

上九：不事王侯，高尚其事。

䷒

坤上兌下　第十九卦　臨　今鑒　爲治而致的狀態

居高視下，教之化之

下上融洽，治之有至者正鑒，反之逆鑒

〈經文〉臨。元亨，利貞。至於八月有凶。

初九：咸臨。貞吉。

九二：咸臨，吉、無不利。

六三：甘臨，無攸利。既憂之，無咎。

六四：至臨。無咎。

六五：知臨，大君之宜。吉。

上六：敦臨。吉，無咎。

䷓

巽上
坤下　第二十卦　觀　今鑒　全面審視的狀態

觀下瞻上，知己知彼

遍施教化，尋順其道者正鑒，反之逆鑒

〈經文〉觀。盥而不薦。有孚，顒若。

初六：童觀。小人無咎，君子吝。

六二：窺觀。利女貞。

六三：觀我生，進退。

六四：觀國之光，利用賓於王。

九五：觀我生，君子無咎。

上九：觀其生，君子無咎。

䷔

離上
震下　第廿一卦　噬嗑　今鑒　心口交噬的狀態

剛柔相濟，治訟有利

心口交噬，險而化夷者正鑒，反之逆鑒

〈經文〉噬嗑。亨。利用獄。

初九：屨校滅趾。無咎。

六二：噬膚滅鼻。無咎。

六三：噬臘肉，遇毒。小吝，無咎。

九四：噬乾胏。得金矢。利堅貞，吉。

六五：噬乾肉，得黃金。貞厲，無咎。

上九：何校滅耳。凶。

䷕ 艮上離下 第廿二卦 賁 今鑒 文以求化的狀態

文而有制，飾外彰內

文以質至，化而其實者正鑒，反之逆鑒

〈經文〉賁。亨。小利，有攸往。

初九：賁其趾，捨車而徒。

六二：賁其須。

九三：賁如，濡如，永貞吉。

六四：賁如，皤如，白馬翰如。匪寇，婚媾。

六五：賁於丘園，束帛戔戔。吝，終吉。

上九：白賁，無咎。

䷖

艮上坤下　第廿三卦　剝　今鑒　岌岌而危的狀態

陰盛陽剝，大勢困頓

岌岌危至，剝乎其險者正鑒，反之逆鑒

〈經文〉剝。不利有攸往。

初六：剝床（臧）以足，蔑。貞；凶。

六二：剝床（臧）以辯，蔑。貞；凶。

六三：剝之。無咎。

六四：剝床（臧）以膚。凶。

六五：貫魚，以（食）宮人寵（籠）。無不利。

上九：碩果不食，君子得輿，小人剝盧（廬）。

䷗

坤上
震下

第廿四卦　復　今鑒　復歸相關的狀態

急遽而來，順以復歸者正鑒，反之逆鑒

〈經文〉復。亨。出入無疾。朋來無咎。反覆其道，七日來復。利有攸往。

初九：不遠復。無祇悔，元吉。

六二：休復，吉。

六三：頻復。厲，無咎。

六四：中行獨復。

六五：敦復。無悔。

上六：迷復。凶，有災眚。用行師，終有大敗，以其國君。凶。至於十不剋征。

䷘

乾上
震下 第廿五卦 無妄 今鑒 無妄而得的狀態

剛正而行，無妄有獲者正鑒，反之逆鑒

〈經文〉無妄。元亨。利貞。其匪正有眚，不利有攸往。

初九：無妄。往吉。

六二：不耕，獲；不菑，畬。則利有攸往。

六三：無妄之災。或繫之牛，行不之得，邑人之災。

九四：可貞，無咎。

九五：無妄之疾，勿藥有喜。

上九：無妄行。有眚。無攸利。

䷙

艮上
乾下

第廿六卦　大畜

今鑒　蓄勢不止的狀態

大勢以蓄，積而不止者正鑒，反之逆鑒

〈經文〉大畜。利貞。不家食。吉。利涉大川。

初九：有厲，利己。

九二：與説車。

九三：良馬逐（遂）利堅貞。曰：閑（闌）與衛。利有攸往。

六四：童牛之牿。無咎。

六五：豶豕之牙。吉。

上九：何天之衢。亨。

䷚

艮上
震下

第廿七卦　頤

今鑒　頤養攸關的狀態

純正以養，自實其力

養民育民，依時而求者正鑒，反之逆鑒

〈經文〉頤。貞吉，觀頤，自求口實。

初九：舍而靈龜，觀我朵頤。凶。

六二：顚頤，拂經於丘頤，貞凶。

六三：拂頤。貞凶。十年勿用，無攸利。

六四：顚頤。吉。虎視眈眈，其欲逐逐，無咎。

六五：拂經。居貞吉，不可涉大川。

上九：由頤。厲吉，利涉大川。

䷛ 兌上 巽下　第廿八卦　大過　今鑒　過份而爲的狀態

危機四伏，形象過度

憂患叢生，遂而大錯者正鑒，反之逆鑒

〈經文〉大過。棟橈，利有攸往。亨。

初六：藉用白茅，無咎。

九二：枯楊稊稊，老夫得其女妻，無不利。

九三：棟橈。凶。

九四：棟隆。吉，有它，吝。

九五：枯楊生花，老婦得其士夫，無咎無譽。

上六：過涉滅頂。凶。無咎。

䷜ 第廿九卦　坎

坎上
坎下

今鑒　險以行用的狀態

行險用險，誠信以達

險阻重重，不以僥幸者正鑒，反之逆鑒

〈經文〉習坎，有孚，維心亨，行有尚。

初六：習坎，入於坎陷（窞）。凶。

九二：坎有險，求小得。

九三：來之坎，坎險且枕。入於坎陷（窞），勿用。

六四：樽酒、簋貳，用缶，納約自牖。終無咎。

九五：坎不盈，祇既平。無咎。

上六：繫用徽纆，置於叢棘，三歲不得。凶。

離上 離下　第卅卦　離　今鑒　吉凶昭然的狀態

或明麗附表，或危罹於外

凶患無藏，吉凶昭然者正鑒，反之逆鑒

〈經文〉離。利貞。亨。畜牝牛，吉。

初九：履錯然，敬之。無咎。

六二：黃離，無吉。

九三：日昃之離，不鼓缶而歌，則大耋之嗟。凶。

九四：突如，其來如，焚如，死如，棄如！

六五：出涕沱若，戚嗟若。吉。

上九：王用出征，有嘉折首，獲匪其醜。無咎。

䷞ 兌上艮下 第卅一卦 咸 今鑒 相互感應的狀態

柔上剛下，有感而應

外動內靜，有感則成者正鑒，反之逆鑒

〈經文〉咸。亨。利貞。取女吉。

初六：咸其拇。

六二：咸其腓。凶。居吉。

九三：咸其股，執其隨。往吝。

九四：貞吉。悔亡。憧憧往來，明從爾思。

九五：咸其脢。無悔。

上六：咸其輔頰。舌〔吉〕。

䷟ 震上巽下 第卅二卦 恆 今鑒 持恆以致的狀態

造化有常，恆心已成
相助相長，持恆以致者正鑒，反之逆鑒

〈經文〉恆。亨。無咎。利貞。利有攸往。

初六：浚恆。貞凶。無攸利。

九二：悔亡。

九三：不恆其德，或承之羞。貞吝。

九四：田無禽。

九五：恆其德。貞：婦人吉，夫子凶。

上六：振恆。凶。

䷠

乾上
艮下　第卅三卦　遁　今鑒　隱名遁形的狀態

山高天退，明哲退隱

待機而出，遁世救世者正鑒。反之逆鑒

〈經文〉遁。亨。小利貞。

初六：遁尾。厲。勿用有攸往。

六二：執之用黃牛之革，莫之勝説。

九三：繫遁，有疾厲，畜臣妾。吉。

九四：好遁。君子吉，小人否。

九五：嘉遁。貞吉。

上九：肥遁，無不利。

䷡

震上
乾下　第卅四卦　大壯　今鑒　剛壯妄動的狀態

棄智而力，壯而有傷

妄進無忌，壯而有悔者正鑒、反之逆鑒

〈經文〉大壯。利貞。

初九：壯於趾。征，凶。有孚。

九二：貞吉。

九三：小人用壯，君子用罔。貞厲。羝羊觸藩，羸其角。

九四：貞吉。悔亡。藩決不羸，壯於大輿之輹。

六五：喪羊於易。無悔。

上六：羝羊觸藩，不能退，不能遂。無攸利。艱則吉。

離上 坤下 第卅五卦 晉 今鑒 順勢而進的狀態

光明磊落，柔進上行

因勢利導，發展求進者正鑒，反之逆鑒

〈經文〉晉。康侯用賜馬蕃庶，晝日三接。
初六：晉如摧如，貞吉。罔孚，裕無咎。
六二：晉如愁如，貞吉。受茲介福，於其王母。
六三：衆允。悔亡。
六四：晉如鼫鼠。貞厲。
六五：悔亡。失得，勿恤。往，吉，無不利。
上九：晉其角，維用伐邑。厲，吉。無咎，貞吝。

䷣

坤上
離下　第卅六卦　明夷　今鑒　晦而不明的狀態

履傷渡厄，韜光養晦
明而轉晦，堅守其道者正鑒，反之逆鑒

〈經文〉明夷。利堅貞。
初九：明夷於飛，垂其翼。君子之行，三日不食。有攸往，主人有言。

六二：明夷，夷於左股，用拯馬壯。吉。

九三：明夷，（夷）於南狩，得其大首。不可疾貞。

六四：明夷（夷）入於左腹，獲明夷之心於出門庭。

六五：箕子之明夷。利貞。

上六：不明，晦。初登於天，後入於地。

䷤ 巽上離下　第卅七卦　家人　今鑒　治內而致的狀態

發乎於內，成乎於外

堅誠治業，家而後勢者正鑒，反之逆鑒

〈經文〉家人。利女貞。

初九：閑有家，悔亡。

六二：無攸遂，左中饋。貞吉。

九三：家人嗃嗃，悔，厲，吉。婦子嘻嘻，終吝。

六四：富家。大吉。

九五：王假有家。勿恤，吉。

上九：有孚，威如。終吉。

離上 兌下 第卅八卦 睽 今鑒 乖異而視的狀態

剛極暴躁，明極生疑

乖離不濟，視而驚異者正鑒，反之逆鑒

〈經文〉睽。小事吉。

初九：悔之。喪馬，勿逐，自復。見惡人。無咎。

九二：遇主於巷。無咎。

六三：見輿曳，其牛掣，其人天且劓。無初有終。

九四：睽孤，遇元夫，交孚。厲，無咎。

六五：悔亡。厥宗噬膚，往，何咎。

上九：睽孤，見豕負塗，載鬼一車。先張之弧，後説之弧。匪寇，婚媾。
往，遇雨則吉。

坎上
艮下

第卅九卦　蹇　今鑒　困頓求通的狀態

險阻在前，知難而行

困難重重，守機待時者正鑒，反之逆鑒

〈經文〉蹇。利西南，不利東北。利見大人。貞吉。

初六：往蹇，來譽。

六二：王臣蹇蹇，非躬之故。

九三：往蹇，來反。

六四：往蹇，來連。

九五：大蹇，朋來。

上六：往蹇，來碩。吉，利見大人

䷧

震上
坎下

第四十卦 解

今鑑 解、縛相關的狀態

束縛而滯，消解而獲

剛柔相濟，順勢而致者正鑒，反之逆鑒

〈經文〉解。利西南。無所往，其來復，吉。有攸往，夙吉。

初六：無咎。

九二：田獲三狐，得黃矢。貞吉。

六三：負且乘，致寇至。貞吝。

九四：解而拇，朋至。斯孚。

六五：君子維有解。吉。有孚於小人。

上六：公用射隼於高墉之上，獲之。無不利。

䷨ 艮上兌下　第四十一卦　損　今鑒　損益相間的狀態

損下益上，損中有益

損而致益，益中有損者正鑒，反之逆鑒

〈經文〉損。有孚，元吉。可貞。利有攸往。曷之用？二簋可用亨。

初九：已事遄往，無咎。酌損之。

九二：利貞。徵凶。弗損、益之。

六三：三人行則損一人；一人行，則得其友。

六四：損其疾，使遄有喜。無咎。

六五：或益之十朋之龜，弗剋違。元吉。

上九：弗損益之。無咎。貞吉。利有攸往，得臣無家。

䷩ 巽上震下　第四十二卦　益　今鑒　益以致用的狀態

損上益下，益而致至者正鑒，反之逆鑒

〈經文〉益。利有攸往。利涉大川。

初九：利用爲大作。元吉。無咎。

六二：或益之十朋之龜，弗克違。永貞吉。王用亨於帝，吉。

六三：益之用凶〔工〕事，無咎，有孚。中行告公用圭。

六四：中行告公，從。利用爲依迁國。

九五：有孚；惠心勿問，元吉。有孚；惠我德。

上九：莫益之，或擊之。立心勿恆。凶。

䷪

兌上
乾下

第四十三卦　夬　今鑒　決而不妄的狀態

有備無患，多愼無殃

決而兼和，速而不妄者正鑒，反之逆鑒

〈經文〉夬。揚於王庭，孚號，有厲自告邑，不利即戎，利有攸往。

初九：壯於前趾。往，不勝爲咎。

九二：惕號，莫夜有戎，勿恤。

九三：壯於頄。有凶。君子夬夬獨行，遇雨若濡，有慍〔溫〕。

九四：臀無膚，其行次且。牽羊悔亡，聞言不信。

九五：莧陸夫夫中行。無咎。

上六：無號。終有凶。

䷫

乾上巽下　第四十四卦　姤　今鑒　交、遇不當的狀態

交而難久，遇而不當

陰陽失合，其爲潛危者正鑒，反之逆鑒

〈經文〉姤。女壯，勿用取女。

初六：繫於金柅。貞吉。有攸往，見凶，羸豕孚，蹢躅。

九二：包有魚。無咎，不利賓。

九三：臀無膚，其行次且。厲，無大咎。
九四：包無魚。起凶。
九五：以杞包瓜。含章，有隕自天。
上九：姤其角。吝，無咎。

䷬

兌上 坤下 第四十五卦 萃 今鑒 辛勞以聚的狀態

鞠躬盡萃，滙萃聚積

危而不離，精誠團結者正鑒，反之逆鑒

〈經文〉萃。亨。王假有廟。利見大人，亨。利貞。用大牲吉。利有攸往。

初六：有孚，不終乃亂，乃萃若號，一握為笑。勿恤，往，無咎。

六二：引吉，無咎。孚，乃利用禴。

六三：萃如，嗟如。無攸往，無咎，小吝。

九四：大吉，無咎。

九五：萃有位。無咎。匪孚。元〔利〕永貞，悔亡。
上六：賫咨涕洟，無咎。

䷭

坤上
巽下　第四十六卦　升

今鑑　依時而進的狀態

順勢上升，依時而進
登高不止，而心謙柔者正鑑，反之逆鑑
〈經文〉升。元亨。利見大人，勿恤。南徵吉。
初六：允升。大吉。
九二：孚；乃利用禴。無咎。
九三：升虛邑。
六四：王用亨於岐山。吉，無咎。
六五：貞吉。升階。
上六：冥升。利於不息不貞。

䷮ 兌上
坎下

第四十七卦　困　今鑒　困厄未通的狀態

困境求通，然困厄未通者正鑒，反之逆鑒

〈經文〉困，亨。貞大人吉，無咎。有言不信。

初六：臀困於株木，入於幽谷，三歲不覿。

九二：困於酒食，朱紱方來。利用享祀，徵凶。無咎。

六三：困於石，據於蒺藜。入於其宮，不見其妻。凶。

九四：來徐徐，困於金車。吝，有終。

九五：劓刖，困於赤紱。乃徐有說。利用祭祀。

上六：困於葛，藟於臲卼。曰：動悔有悔。徵吉。

䷯ 坎上
巽下

第四十八卦　井　今鑒　才以致用的狀態

物雖有缺，人雖有疵

賢以用之，終盡其才者正鑒，反之逆鑒

〈經文〉井。改邑不改井，無喪無得，往來井井。汔至，亦未繘井，羸其瓶，凶。

初六：井泥不食，舊井無禽。

九二：井谷射鮒，瓮敝漏。

九三：井渫不食，爲我心惻。可用汲，王明，並受其福。

六四：井，無咎。

九五：井，甃冽寒泉食。

上六：井收勿幕。有孚元吉。

䷰ 兌上 離下

第四十九卦 革

今鑒 變革相關的狀態

革故鼎新，天人相應者正鑒，反之逆鑒

〈經文〉革。巳日乃孚，元亨，利貞。悔亡。

初九：鞏用黃牛之革。

六二：巳日乃革之。徵吉，無咎。

九三：徵凶。貞厲。革言三就，有孚。

九四：悔亡。有孚；改命。吉。

九五：大人虎變，未占有孚。

上六：君子豹變，小人革面。徵凶，居貞吉。

䷱ 離上巽下 第五十卦 鼎

今鑒 鼎象以示的狀態

鼎象沈穩，其變微示者正鑒，反之逆鑒

〈經文〉鼎。元吉。亨。

初六：鼎顛趾，利出否。得妾以其子，無咎。

九二：鼎有實，我仇有疾，不我能即，吉。

九三：鼎耳革，其行塞。雉膏不食。方雨虧悔。終吉。

九四：鼎折足，覆公束，其形渥。凶。

六五：鼎黃耳，金鉉，利貞。

上九：鼎玉鉉。大吉，無不利。

䷲

震上震下　第五十一卦　震　今鑒　震動以致的狀態

震而驚變，變而相關

震動以致，其勢不已者正鑒，反之逆鑒

〈經文〉震。亨。震來虩虩，笑言啞啞。震驚百里，不喪七鬯。

初九：震來虩虩，後笑言啞啞。吉。

六二：震來厲。億喪貝，躋於九陵。勿逐。七日得。

六三：震蘇蘇。震行，無眚。

九四：震遂泥。

六五：震往來厲，儀無喪有事。

上六：震索索，視矍矍。徵凶。震不於其躬，於其鄰。無咎。婚媾有言。

艮上
艮下

第五十二卦　艮　今鑒　靜止以致的狀態

靜而其心，止而其身

靜止以致，其勢正宜者正鑒，反之逆鑒

〈經文〉〔艮〕。艮其背，不獲其身。行其庭，不見其人。無咎。

初六：艮其趾。無咎，利永貞。

六二：艮其腓，不拯其隨，其心不快。

九三：艮其限，列其夤。厲，薰心。

六四：艮其身。無咎。

六五：艮其輔，言有序，悔亡。

上九：敦艮，吉。

䷴

巽上
艮下　第五十三卦　漸　今鑑　漸蓄其勢的狀態

循序而進，漸利其途者正鑑，反之逆鑑

〈經文〉漸。女婦。吉。利貞。

初六：鴻漸於干。小子厲，有言，無咎。

六二：鴻漸於磐，飲食衎衎。吉。

九三：鴻漸於陸，夫征不復，婦孕不育。凶。利禦寇。

六四：鴻漸於木。或得其桷。無咎。

九五：鴻漸於陵，婦三歲不孕，終莫之勝。吉。

上九：鴻漸於陸（逵），其羽可用爲儀。吉。

䷵

震上
兌下　第五十四卦　歸妹　今鑑　嫁女相關的狀態

嫁女以致，關乎家、勢者正鑑，反之逆鑑

〈經文〉歸妹。徵凶。無攸利。

初九：歸妹以娣。跛能履。徵吉。

九二：眇能視。利幽人之貞。

六三：歸妹以須，反歸以梯。

九四：歸妹衍期，遲歸有時。

六五：帝乙歸妹，其君之袂不如其娣之袂良。月幾望，吉。

上六：女承筐，無實；士圭羊，無血。無攸利。

䷶ 震上 離下 第五十五卦 豐 今鑒 感大而示的狀態

日中則斜，盛極則衰

盛勢無常，相關以示者正鑒，反之逆鑒

〈經文〉豐。亨，王假之。勿憂。宜日中。

初九：遇其配主。雖旬無咎。往有尚。

六二：豐其蔀，日中見斗。往得疑疾。有孚，發若，吉。

九三：豐其沛，日中見沫，折其右肱，無咎。

九四：豐其蔀，日中見斗。遇其夷主。吉。

六五：來章。有慶譽。吉。

上六：豐其屋，部其家，窺其户，闃其無人，三年不覿。凶。

䷷ 離上艮下 第五十六卦 旅 今鑒 行旅相關的狀態

旅而至之，致而旅之

依義順利，行旅相關者正鑒，反之逆鑒

〈經文〉旅。小亨。旅，貞吉。

初六：旅瑣瑣，斯其所取災。

六二：旅即次，懷其資，得其僕。貞（吉）。

九三：旅焚其次，喪其童僕。貞厲。

九四：旅於處，得其資斧，我心不快。
六五：射雉，一矢亡。終以譽命。
上九：鳥焚其巢，旅人先笑後號咷（咷）。喪牛於易。凶。

䷸

巽上
巽下　第五十七卦　巽　今鑒　籌策以致的狀態

籌策相關，順計以致者正鑒，反之逆鑒

〈經文〉巽。小亨。利有攸往。利見大人。
初六：進退（內）。利武人之貞。
九二：巽在床下。用史，巫紛（忿）若。吉，無咎。
九三：頻巽，吝
六四：悔亡，田獲三品。
九五：貞吉，悔亡，無不利。無初有終。先庚三日，後庚三日，吉。
上九：巽在床下，喪其資斧，貞凶。

䷹

兌上兌下　第五十八卦　兌　今鑒　喜悅相關的狀態

相和其悅，其喜相關者正鑒，反之逆鑒

〈經文〉兌。亨。利貞。

初九：和兌。吉。

九二：孚兌，吉。悔亡。

六三：來兌，凶。

九四：商兌。未寧，介疾有喜。

九五：孚；於剝。有厲。

上六：引兌。

䷺

巽上坎下　第五十九卦　渙　今鑒　勢力渙散的狀態

水流四溢，其勢散漫
勢力渙散，其致相關者正鑒，反之逆鑒

〈經文〉渙。亨。王假有廟。利涉大川。利貞。

初六：用拯馬壯。吉。

九二：渙奔其機（階）。悔亡。

六三：渙其躬。無悔。

六四：渙其群。元吉。渙有丘，匪夷所思。

九五：渙汗其（其汗），大號。渙王居。無咎。

上九：渙其血去逖出。無咎。

坎上
兌下

第六十卦 節

今鑒 節制相關的狀態

萬物有節，節制相關者正鑒，反之逆鑒

〈經文〉切。亨。若節，不可貞。

初九：不出户庭。無咎。

九二：不出門庭。凶。

六三：不節若，則嗟若。無咎。

六四：安節。亨。

九五：甘節。吉。往有尚。

上六：苦節。貞凶。悔亡。

巽上
兌下

第六十一卦　中孚

今鑒　誠信其中的狀態

中道而復，誠信立身

相和如語，誠信其中者正鑒，反之逆鑒

〈經文〉中孚，豚、魚。吉。利涉大川。利貞。

初九：虞吉，有它不燕。

九二：鳴鶴在陰，其子和之。我有好爵，吾與爾靡之。

六三：得敵，或鼓，或罷；或泣，或歌。

六四：月幾望，馬匹亡，無咎。

九五：有孚，攣如。無咎。

上九：翰音登於天。貞凶。

䷽

震上
艮下　第六十二卦　小過　今鑒　略失其度的狀態

得當有度，逾則為過

為而當檢，略失其度者正鑒，反之逆鑒

〈經文〉小過。亨。利貞。可小事，不可大事。飛鳥遺之音，不宜上，宜下。大吉。

初六：飛鳥以凶。

六二：過其祖，遇其妣；不及其君，遇其臣。無咎。

九三：弗過，防之。從或戕之。凶。

九四：無咎。弗過，遇之；往厲必戒。勿用永貞。

六五：密雲不雨，自我西郊；公弋取彼在穴。

上六：弗遇，過之，飛鳥離之。凶，是謂災眚。

䷾

坎上
離下　第六十三卦　既濟　今鑒　盛極相關的狀態

水火既濟，其勢致盛

盛極將衰，相關以示者正鑒，反之逆鑒

〈經文〉既濟。亨。小利貞。初吉終亂。

初九：曳其輪，濡其尾。無咎。

六二：婦喪其茀，勿逐，七日得。

九三：高宗伐鬼方，三年剋之。小人勿用。

六四：繻有衣袽，終日戒。

九五：東鄰殺牛，不如西鄰之禴祭，實受其福。

上六：濡其首，厲。

䷿

離上
坎下　第六十四卦　未濟　今鑒　阻而不止的狀態

水火未濟，勢阻於前

阻而不止，征伐以續者正鑒，反之逆鑒

〈**經文**〉未濟。亨。小狐汔濟，濡其尾。無攸利。

初六：濡其尾。吝。

九二：曳其輪。貞吉。

九三：未濟。征凶。利涉大川。

九四：貞吉。悔亡。震用伐鬼方，三年，有賞於大國。

六五：貞吉。無悔。君子之光。有孚；吉。

上九：有孚；於飲酒無咎。濡其首，有孚；失是。

附錄

古今易文選讀

一、研究太極太玄模型的實用意義

（選自鄭軍著《太極太玄體系》）

如果承認太極太玄體系，是自然界（天地生人）的物質周期運動規律的抽象概括，是一普適數學模型，那麼就可以斷言，太極太玄模型具有廣泛的長遠的應用前景。本文關於化學元素周期變化規律的研究，不僅豐富了太極太玄模型的內容，是否可以說，應用太極太玄模型這一易學理論，已從理論上解決了化學元素的起源問題。

在中醫基礎理論上面，本文也找到了運氣學說的時空來源。至於干支紀年和月地日運行規律的闡明，只不過是對失傳的古代已有成果的一次翻譯，從而也說明了太極太玄模型的實用價值。它的一個副產品是證明，遠在《黃帝內經》之前的《太始天元冊》，就已有了五行（五運）結構數，有了對月地日系統周期運動的準確了解，這一點對中國科學史研究也是有價值的。

下面只對近期內可以施展太極太玄模型理論威力的幾個方面作一簡單的推測。

(一) 關於智能計算機問題

所謂智能，無非是說要像人一樣，對客觀世界不僅具有感知的能力，而且能夠總結抽象出客觀世界的運動規律，並根據規律發出指令，採取正確的行動。從人類所處的物質運動的層次來看，要想製造出與人類一樣能夠思維和發出指令的機器是根本不可能的。

辯證唯物主義的認識論是反映論，人們認識的規律只不過是客觀規律在人腦中的反映。這就解釋了人們認識正確與錯誤的原因：反映對了，認識就正確；反映錯了，認識也就錯誤，行動上也要犯錯誤。

從反映論出發，某種程度上的智能機器又是可以製造出來的：只要能正確加工客觀世界輸入的信息，從而抽象出符合客觀的規律，並能根據規律發出行動的指令，它就是一架非常高級的智能機了。

從目前情況看，人類就是宇宙中最高的智能機，它是由大自然自己經過幾十億年才創造出來的。現在談論的任可等級的智能機都是不能與人類相比的。

本文揭示，太極太玄模型具有反映不同層次物質運動周期時空結構的普適性，因而它是對物質運動普遍規律的抽象。人類如果能按著太極太玄體系的框架建造計算機，這種計算機就該能抽象出不同層次物質運動的某些規律，從而表現出某種程度上的「智能」。

現代電子計算機採用的是二進制。前文已說明，這是自然界最基本，然而也是最原始的進位制，它不能無轉換地直接對（由低級向高級發展的）三進制周期作出正確的反映，所以能力是有限的。由此可見，三進制對智能機是至關重要的問題。本文分析表明，一、二、三進制結合的計算機製造出來之時，就是智能機新紀元的開始；其前導將是三進制計算機的製成。

(二) 關於微觀與宏觀物質運動理論和宇宙統一問題

易學理論起源於中華民族的先輩們對客觀世界的觀察和總結。隨著古天文學的發展，逐漸完善了太極體系並創造了太玄體制。與之相伴而行的是太極太玄體系首先在天文學中得到了應用。由於這一理論具有普適性，因而在科學技術的各個領域也陸續被引用。廣泛的用於占卜，使這一理論又被引入到人類生活的全部領域。這些都是這一理論發展的結果，又是它不斷發展和完善的條件。

本文表明，從物質世界來說，不管是微觀世界還是宏觀世界，不管是渾沌初開之時還是現代，物質都處於不同層次的周期運動之中。這些周期的時空結構都符合由一、二、三進制構成的太極太玄模型。

由此可以得到一個非常重要的結論：宇宙統一於0、1、2。或者用老子的話說，宇宙統一於一、二、三。這就是物質運動的外觀（空間結構）和歷史（時間結構）存在相似性的根源所在，時空是統一的。

物質世界是統一的、簡單的、和諧的，是由低級向高級發展的。但現代科學至今尙未建立起一個統一的完備理論。與此相反，中國傳統科學卻早已從周期運動的時空結構角度建立了這一理論。

在描述歷史方面（所有現在能被感知的時空變化，都是歷史上的陳跡），這一理論已獲得了成功；相信在探索未知領域、預測未來方面，它同樣會成果輝煌；科學的任何一個分支，當它探求物質世界統一性時，最後都會表現出與中國傳統科學思想有異曲同工之妙。

因此，爲了少走彎路，各個學科都應自覺地引進這一科學思想。中國傳統醫學（中醫）以這一思想爲指導，取得了偉大的成就，在地球上獨一無二地將一個民族的醫藥學，從古代一直保留到現代，並在歷史發展中不斷發揚光大，只可惜現代的發展慢了點。

㈢在研究地球表層物質運動時，太極太玄模型是一重要的理論工具

地球，首先是宇宙中的一個星球。在太陽系中，它有八、九個兄弟姐妹。在身邊，還有月亮在護衛著它。這一切表明，地球只是一個普通的宇宙體。但是，地球上有生命，並已發展到人類，有智能，因而地球又是一個特殊的宇宙體。

研究地球表層對人類有著特殊意義。地球表層是地球與宇宙空間的界面。在地球表層，天、地、生各種運動錯綜複雜。但從太極太玄模型看，所有各種現象，都是不同層次上的物質周期運動的表現。

其中的人類，是目前了解到的最高層次。但不論哪一個層次，都是自然界物質運動演化的結果。這所以顯得變幻莫測，是由於若干層次加臨（疊加）的結果。

現在關於地球表層的研究，基本上還處於現代科學原有的各學科獨立的縱向研究階段。縱橫結合、古今結合的綜合整體研究剛剛開始。我國科技界正在沿著中國傳統科學思想，所獨具的有機整體自然觀的方向探索著新路。最近幾年關於天、地、生的

綜合研究，已積累了不少數據資料，提出了不少新見解，成績是巨大的。但是，就整個研究工作而言，基本上還處於調查宇宙和地球歷史的初級層次上，較多進行的是統計處理、相關分析和尋找對應關係等方面工作。爲了使研究深入，地球表層學需要適合於自己的科學指導思想，和行之有效的理論工具。

在這方面，除現代科學的「老三論」和「新三論」之外，太極太玄模型（易學思想）也必將佔有重要的位置。它在總結歷史、預測未來上不僅表現出理論上的價值，而且將表現出對實踐的指導作用。例如，太極太玄模型對月地日系統的研究表明，它不僅可以定性，還可以定量，甚至於逐步做到定時定位，這就必將促進對地球表層各種宏觀微觀過程機制的了解。

更重要的意義還在於，它將爲人類提供中長期預報地表狀況的方法和數據。由此不難看出太極太玄模型對人類認識自然的價值。

簡要地摘引幾段近年的研究成果，就可看出太極太玄模型給出的月地日系統的關係與地球表層現象的對應。

彭公炳（註一）指出，五百毫巴面上副熱帶高壓主體面積指數、亞洲地區經向環流指數，以及我國北起哈爾濱南至汕頭的廣大地區的氣壓，都有十四個月左右的周期；北緯20度、經度180度和北緯40度、西經150度的海溫有十四個月的主周期。地球自轉速度變化也有明顯的十四個月周期。地極移動同樣存在十四個月周期。顯然，這裡的十四個月周期與本文的月亮遠地點回歸周是一致的，因此，它們應都是由月、地、日三體的位相關係決定的。

高建國、陳玉瓊、姚國乾搜集了氣象、地象、天象中的十幾種準六十年周期現象，並指出，在它們之間不僅六十年周期基本相近，位象也近乎一致。（註二）

筆者認爲，這些周期的來源只能是甲子六十年周期，即它們都由月、地、日三位的位相關係決定的。莊洪春分析，月球是帶正電荷的球體，對宇宙線有排斥作用。當月亮處於地球上游位置時，主要沿行星際磁場方向射向地球的太陽宇宙線，會受月亮的偏析而通量發生改變，這樣，由宇宙對地球表層系統發生的所有效應都會改變。月亮可能通過影響太陽微粒流來影響地球，月亮在上游時和在磁尾時，其作用大不相同。莊氏的分析提示我們，月、地、日的相互關係絕不僅僅是引力和潮夕，它還有更爲複雜多樣的內容。

本文揭示的、有確定物理內容的一系列周期，如十四月、四年、八・五七年、八・八四七五年、三十年、六十年周期等，以及所闡明的三陰三陽結構、八卦對位互補法則、隔八相生法則等，與目前許多文獻中的數據是一一對應的。這些內容必將有助於散布於地質學、氣象學、災害學、醫學中的各種周期產生機理的闡明。地球是一運動著的球體，肯定會表現出太極太玄體系所揭示的法則。月、地、日系統是統一的整體，其中各種周期的時空結構必然具有統一性。

現在的問題是，我們不能滿足於對兩體運動的了解，不能滿足於對低層次周期的了解，隨著物質周期運動進入高級層次，人類應著眼於對高級層次性質的了解。對此，太極太玄模型大有用武之地。

四 生命科學和人體科學的研究離不開太極太玄模型

生命現象的出現，人類的出現，是大自然的傑作。然而，從物質周期運動的角度看，這也只不過是無限層次中的一層或幾層。

人也是歷史自然體。在物質運動無限層次的這一層，出現了智慧之光。宇宙現在能夠在稱為科學的過程中反思自己了。人類的一切活動，包括特稱的社會和經濟活動，只不過是物質周期運動在這一層次的時空表現。人類肯定會有「末日」——這一層周期的終點。

但是，在終點將會出現質變，一層更高級的周期將開始。與此同時，人類也不一定就會消亡。也許會像元素周期運動留下若干數量的原子一樣，人類也許會作爲宇宙歷史的陳跡而保留下來。這就是根據太極太玄模型得出的結論。

到目前爲止，尙未發現比人類更高的層次存在。因此，現在暫時可以將人類視爲實現宇宙物質運動的最高層次。

所謂最高層次，是對宇宙在「現在」以前的歷史而言。從時空演化序列看，自從宇宙中出現化學元素以後，經過了若干層次的周期運動，一層比一層高級，在不久以前，升級到「人類」這一最新的高級層次。

由此看來，「人類」這個最高級層次，包含了從化學元素周期運動完成以後算起的所有層次的物質周期運動，包含著各層次的規律、特徵（屬性）和功能，同時又出現了以前任何一級周期所不具有的高級規律、特徵和功能。

人是自然界物質周期運動的時空表現，是一種自然現象，同時，人也是整個宇宙（這裡是指科學上的有限宇宙）的縮影，是宇宙中物質演化的積累，是各層次物質運動規律、特徵、功能的集中表現。

一言以蔽之：人就是一個宇宙，人是一個「小宇宙」。這就是中國傳統科學最精關的結論之一。

由此可見，生命科學，特別是更高層次上的人體科學，將囊括當今科學上的一切科學，並還感到不夠。任何一個自然科學學科的發展，都會爲人體科學作出貢獻，但也只能是部分的貢獻。

人體科學必須開拓新的領域，其最重要的領域應該是這一最高層次所特有的規律、特徵和功能，而將低層次的內容留給其它科學。但是人體科學又必須經常把其它學科的成就吸收過來，以豐富和完善自己。

因此可以預言，對各個層次都具有普適性的太極太玄模型，在人體科學這一最高領域中，肯定會大有用武之地，並能取得成就。中國傳統醫藥學的產生、發展，只是這許多成就中的一例。

在生命現象中，蛋白質分子結構最重要的特點，是它不僅有一定的化學結構，而且有特定的空間結構。這種複雜的空間結構使得不同的蛋白質，各自具有各種專一的功能。十分值得注意的是，已經測定過的幾種眞核生物細胞色素C的空間結構非常相似，特別是與功能密切相關部分的空間結構完全相同。蛋白質特定的生物功能寓於其複雜的空間結構之中。結構域是蛋白質分子空間結構中不可忽視的層次。

晚近發現在血清白蛋白分子內有三個幾乎完全相同的結構域，每個結構域內又有三個相似的亞結構域。生物物理學家認爲，這些內部結構的相似性，意味著血清白蛋白是在進化過程中，由較小的基因經過基因重複，然後拼接複製而成的（見鄒承魯：《蛋白質的結構、運動和功能》）。

以易學眼光來看這一現象，顯然這是典型的太玄結構，蛋白質的進化也符合太玄模型。這就是說，生命現象的物質基礎之一蛋白質，其運動的時空結構符合太極太玄模型所表達的普遍規律。生命現象的又一物質基礎核酸（脫氧核糖核酸和核糖核酸，即DNA和RNA），其運動的時空結構符合八八六十四卦規律。對此已有很多論述，故不再重複。

（註一）：見彭公炳：《關於大氣中幾個周期成因的初步探討》，天文氣象學術討論會文集，氣象出版社，一九八六。

（註二）：見高建國、陳玉瓊、姚國乾：《氣象、地象及天象中的準六十年周期現象》，出處同上。

二、《周易參同契》

（漢・魏伯陽著）

乾坤者，《易》之門戶，衆卦之父母。坎離匡郭，運轂正軸，牝牡四卦，以爲橐籥。覆冒陰陽之道，猶工御者，執銜轡，準繩墨，隨軌轍，處中以制外，數在律歷紀。月節有五六，經緯奉日使，兼併爲六十，剛柔有表裡。朔旦屯直事，至暮蒙當受，晝夜各一卦，用之如次序。既未至晦爽，終則復更始，日辰爲期度，動靜有早晚。春夏據內體，從子到辰巳，秋冬當外用，自午訖戌亥。賞罰應春秋，昏明順寒暑，爻辭有仁義，隨時發喜怒，如是應四時，五行得其序。天地設位而《易》行乎其中矣。天地者，乾坤也；設位者，列陰陽配合之位也；《易》謂坎離坎離者，乾坤二用。二用無爻位，周流行六虛，往來既不定，上下亦無常，幽潛淪匿，升降於中，包囊萬物，爲道紀綱，從無制有，器用者空，故推消息，坎離沒亡。

易者象也，懸象者明，莫大乎日月，窮神以知化，陽往則陰來，輻湊而輪轉，出入更卷舒。晦至朔旦，震來受符，當斯之時，天地媾其精，日月相撣持，雄陽播玄施，雌陰化黃包，混沌相交接，權與樹根基，經營養鄞鄂，凝神以成軀，衆夫蹈以出，蠕動莫不由。於是仲尼贊洪濛，乾坤德洞虛，稽古稱元皇，關睢建始初，冠婚氣相紐，元年乃牙滋，聖人不虛生，上觀顯天符，天符有進退，詘信以應時。

故《易》統天心，復卦建始萌，長子繼父體，因母立兆基，消息應鍾律，升降據斗樞。三日出爲爽，震受庚四方，八日兌受丁，上弦平如繩，十五乾體就，盛滿甲東方。蟾蜍與兔魄，日月氣雙明，蟾蜍眡卦節，兔者吐生光。

七八道已訖，屈折低下降，十六轉受統，巽辛見平明，艮直於丙南，下弦二十三，坤乙三十日，東北喪其明，節盡相禪與，繼體復生龍，壬癸配甲乙，乾坤括始終。七八數十五，九六亦相應，四者合三十，陽氣索滅藏。八卦列布曜，運移不失中，玄精眇難覩，推度效符證。

居則觀其象，準擬其形容，立表以爲範，占候定吉凶；發號順時令，勿失爻動時。上察河圖文，下序地形流，中稽於人情，《參同》考三才。動則循卦節，靜則因彖辭，乾坤用施行，天下然後治。

晦朔之間，合符行中，混沌鴻，牝牡相從，滋液潤澤，施化流通，天地神靈，不可度量，利用安身，隱形而藏，始乎東北，箕斗之鄉，旋而右轉，樞輪吐萌，潛潭見象，發散精光，畢昴之上，䷲震出爲徵，陽氣造瑞，初九潛龍；陽以三立，陰以八通，故三日䷲震動，八日䷹兌行，九二見龍，和平有明；三五德就，䷀乾體乃成；九三夕惕，虧折神符，盛衰漸革，終還其初；䷸巽繼其統，固際操持；九四成躍，進退道危，䷳艮主進止，不得踰時，二十三日，典守弦期；九五飛龍，天位加喜，六五䷁坤承，結括終始，蘊養衆子，世爲類母。

陽數已訖，訖則復起，推情合性，轉而相與。

上九亢龍，戰德於野，用九翩翩，爲道規矩，循據璇璣，升降上下，同流六爻，難得察睹，故無常位，爲易宗祖。

朔旦爲䷗復，陽氣始通，出入無疾，立表微剛，黃鍾建子，兆乃滋彰，播施柔暖，黎烝得常；䷒臨爐施條，開路正光，光耀寖進，日以益長，丑之大呂，結正低昂；仰以成䷊泰，剛柔並隆，陰陽交接，小往大來，輻湊於寅，運而趨時；漸歷䷡大壯；俠列卯門，楡莢墮落，還歸本根，刑德相負，晝夜始分；䷪決陰以退，陽升而前，洗濯羽翮，振索宿塵；䷀乾健盛明，廣被四鄰，陽終於已，中而相干；䷫姤始紀緒，履履行霜最先，進底寒泉，午爲蕤賓，賓服於陰，陰爲主人；䷠遯去世位，收斂其精，懷德俟時，棲遲昧冥，䷋否閉不通，萌者不生，陰伸陽詘，沒陽姓名；䷓觀其權量，察仲秋情，任蓄微稚，老枯復榮，薺麥牙蘖，因冒以生，䷖剝爛肢體，消滅其形，化氣既竭，亡夫至神；道窮則反，歸乎䷁坤元，恆順地理，承天布宣，元遠幽眇，隔閡相連，應度育種，陰陽之原，寥廓恍惚，莫知其端，先迷失軌，後爲主君。

無平不陂，道之自然，變易更盛，消息相因，終坤始復，即循連環，帝王承御，千秋常存。

三、現代西方的易學熱

（選自劉正《中國易學預測學》）

二次大戰後，正當以海德格爾爲代表的哲學家們，要求思維返回古希臘最古老的本源時，東方傳統哲學中的直覺主義和神秘主義，引起了西方人極大的興趣。他們在諸如莊禪意境中找到了心靈上的暫時歸宿。而且，中國哲學中那種天人合一的傳統，那種「以卜筮者尚其占」的神秘的《周易》哲學，爲西方人在上帝的死所帶來的心理上空虛、焦慮與失落中，彌補了點滴的信仰與平衡。

美國哲學家F・卡普拉在《現代物理學與東方神秘主義》一書中說：「可以把《易經》看成是中國思想和文化的核心。權威們認爲它在中國二千多年來所享有的地位，只有其他文化中的《吠陀》和《聖經》可以相比。它在二千多年中保持了自己的生命力。」近四十年來，西方的哲學家們終於認識到了《周易》與中國文化之間的內在聯繫，並且發現了幾千年的中國哲學正是在這陽爻——和陰爻——的指揮棒下變動著，從這裡引申出一個又一個思想家，形成了一代又一代的以「我注六經」的形式來闡發他本人的「六經注我」的哲學思想。

不僅如此，西方的學者們在研究中國、認識中國時展開了一種多元的趨勢。當西方現代派信徒們從各種變形中去追尋人的意識與情感時，他們又一次不得不承認，中國繪畫中的寫意手法與他們的努力有異曲同工之妙！進而又從對中國繪畫中所形成的那種莊禪境界的理解，昇華成體味中國哲學中那種變易的易學思想。

美國易學家R.L. Wing在《易經圖解》（The Illustrated I Ching）中總結說：「西方人對東方哲學的眞正理解，起初則是通過繪畫藝術而獲得成功。」這是因爲「《易經》與藝術都運用一種引發的手段來發掘埋藏於我們無意識中的意識。對客觀的現實及其變化的趨向，兩者都表現了一種直觀的，非常精確的意識方法。」與此同時，中國音樂、戲劇、氣功、針灸、按摩等等，也在西方世界獲得衆多人的喜愛和迷戀。

易學熱在西方愈演愈烈，於是就產生一種盲目的文化崇拜：那些從不知《周易》為何物的青少年們，也要穿上印有「道」、「易」、「太極」及八卦圖案的汗衫。這種崇拜風如果任其發展下去，恐怕當年諸葛孔明的八卦仙衣，會成為巴黎服裝市場上最搶手的熱門貨了！但當我們拋開這種文化崇拜病，對比一下中西易學的研究成果，卻是很讓我們這些文王的子孫慚愧的：

第一，美國普林斯頓大學的易學家蒲安坻（Andy Plaks）教授用陰陽五行的文化傳統去研究以《紅樓夢》為主的一大批明清小說，取得重大突破，使國際紅學界、易學界為之震動！

第二，美國洛杉磯成立了世界上第一家《易經》考古博物館。其中重藏品如七千年前的《周易》中的《復卦》、《蠱卦》、《隨卦》、《損卦》、《艮卦》、《臨卦》、《萃卦》、《泰卦》、《否卦》等卦的卦象；還有能發出《震卦》六爻古音的祭器。

第三，美國成立了以成中英教授為主席的國際《易經》學會、以鍾啓錄教授為主席的美國《易經》研究會、以汪忠長教授為主席的美國東方文哲精華學會、以洪天水教授爲主席的美國《易經》考古學會、以蘇德愷（Kidder Smith）教授爲主編的《周易網羅報》……易學研究的組織一時蜂起——還有不久就要面向全世界招生的國際《易經》函授學院，和很快就要正式開展工作的國際《易經》研究所、東方圖書館等機構。

第四，德國的易學家們每年研究《周易》的論文和專著要出版幾十種。

第五，美國太平洋大學趙自強教授，發起了《周易》與古希臘羅馬哲學的比較研究，並歷時二十幾年已重新將《周易》譯成英文。

……

回到現實：一九八七年十二月四日至九日，中國有史以來第一屆國際《周易》學術討論會在山東大學劉大鈞教授主持下召開。在這次歷史性盛會上發言的，就有現今美國易學界的著名學者成中英、汪忠長、鍾啓錄、蘇德愷、陳啓雲，以及因病未來而以書信發言的趙自強……這又令我們想起了一九八七年七月在美國聖地牙哥舉辦中國哲學及《周易》等內容的國際性學術討論會的情形：

一大群藍眼睛、高鼻梁的西方易學家從哲學、藝術、宗教、數學、天文學等角度出發，闡述著自己研究《周易》的最新成果！相反，我們至今尚未成立國家級的易學研究組織，出版的易學書種類少，印數又少，乃至到了，中國留德的博士生們去向德國的數理類易學家學習《周易》基本常識的地步！乃至到了這些自然科學的博士們在學成回國後，竟買不到一本《周易》讀物的地步！乃至到了提起《周易》人們還認爲它是算命之書或儒家倫理之書的地步！

四、當代易學研究的困境

（選自劉正《中國易學預測學》）

即使是不懂易學的人恐怕也不會否認，《易經》在今天再一次成爲顯學這一事實。很多城市的書攤上將易學的書與反映性生理、心理學的書，及有濃厚色情描寫的「文學」刊物並列在一起出售，這卻是一個讓我們講慣了高雅的大《易》哲學的人不願承認、卻又根本不能否認的事實！近十年來，國內大小出版社先後出版和再版了三、四十種易學著作，學術刊物上發表了兩、三百篇有關論文，易學界召開了十幾次大小規模的研討會。

於是乎，易學由此便日益熱起來，而且大有繼續升溫的趨勢。人們從各個角度展開了對它的研究：如哲學、史學、文學、經濟學、醫學、物理學、生物學、數學，以及占卜、堪輿、氣功、六壬、遁甲等等。眞所謂「《易》道廣大，無所不備！」乃至大有視《易經》爲古今全部科學之源的趨勢。

然而，仔細研讀了近十年來主要的易學論著之後，我不禁想大聲疾呼：「當代易學研究正處於困境！」

具體說來，這種困境主要表現在以下三個方面：其一，研究方法的陳舊；其二，理論思維的貧乏；其三，著眼點及論證材科的狹隘。在上述三者中，最首要的問題是研究方法的陳舊，它是當前易學研究處於困境的核心問題。

我們知道，方法論問題是從事科學研究極其重要的問題，它直接關係到研究成果的正確與否。從某種意義上講，當代西方的科學哲學也就是對科學方法論的研究。易學史上，任何一個有成就的易學家都會首先在研究方法上產生重大突破。比如，孟喜的卦氣說、虞翻的卦變說、魏伯陽的納甲說、王弼的忘象說、李通玄的華嚴說等等，無不如是。

綜觀近十年來有關易學論著，其作者所使用的研究方法，大致分爲古典與現代派兩種。古典派的方法主要以象數、義理、訓詁與考訂三類爲主。象數派易學採用漢、清易學研究分析方法，用現代漢語加上古代術語，分析六十四卦經文與卦象之間所蘊含的哲學思想與因果規律，而對漢清不同象數學說的熟悉與掌握的程度，就成爲象數學家們評估自我及他人易學水準的尺度。

其實象數易學的起源，我們以爲本初應是來自對數及其符號的神秘信仰上，古希臘羅馬時代及《聖經》時代的神數觀念就是明證。畢德哥拉斯學派把數作爲萬物的本源，也是很有說服力的證據。

德國哲學家卡西爾在研究人與文化這一課題時指出：「數學的符號從一開始就被某種巫術的氣氛所環繞。人們帶著宗教畏懼的崇拜來看待它們，以後，這種宗教的信仰慢慢地發展爲一種形而上學的信仰。」也正是在這一階段，由形而上學的信仰中才可能誕生有著嚴謹而神秘的邏輯學組織結構和內容的象數易學。但這已是在形而上學性質的觀念（諸如道、陰陽）確立以後才可能出現的東西，而不是《周易》產生之前所應有的東西。而在人們對數及其符號處於崇拜階段時，數的神秘作用之應用（前期象數易學）才是《周易》形成過程中可能具有的軌跡及範疇。

象數易學實際上是易學應用史和易學思想史，應當予以研究的第一個問題，而不是《周易》發生學的首要問題。至少不能用兩漢象數易學思想和觀點去檢查《周易》起源及其原始思想這一《周易》前史問題。比如互體說。《左傳·莊公二十二年》中記載陳侯之筮：「遇《觀》䷓之《否》䷋……坤，土地；巽，風也；乾，天也。風爲天，於土上，山也。」清代俞樾在《周易互體徵》中說：「《易》有互體，乃古法也。《春秋》莊公二十二年，《左傳》載陳侯之筮，遇《觀》之《否》，曰：『風爲天，於土上，山也。』注曰：自二至四，有艮象，艮爲山。是在孔子未贊《周易》之前，已有互體之說。」這也許是象數學中最早的互體說。然而，終究也只是莊公二十二年的易學，而非文王時代的易學。

　　儘管上述理論的產生也許比孔子、比莊公二十二年要早很多年，但在今本六十四卦經文中尚無確鑿的證據證明互體是作《易》者採用的一種方法。可是從《左傳》開始，中經漢代施、孟、梁丘，到清代惠棟、張惠言，直到今天黃壽祺、潘雨廷、劉大鈞等人仍然持此說。

　　研究一門古老的學說，再使用一種陳舊的研究方法，能有所創獲的機率太小了。仔細分析一下俞樾之論，他只是將互體的產生推到孔子之前而非作《易》時代。

　　犯了與此相類似毛病的還有義理派易學，其著眼點也是只在於魏晉及宋明易學的研究方法。比如《荀子·大略》中講：「《易》之《咸》見夫婦，夫婦之道不可不正也，君臣父子之本也。」而實際上除了《咸卦》卦象組成依《說卦》認爲艮爲少男、兌爲少女之說之外，尙沒有強而有力的佐證說明在《周易》前史時代《咸卦》或艮與兌代表了夫婦之道、君臣父子之本。

後代所有的義理學家們在此大講特講儒家倫理，而《周易》前史那個時代，周人正處於游牧民族階段，經文中隨處可見掄婚和歸妹連及其娣的卦辭，說那一時代已開始講正人倫的夫婦之道是不能讓人信服的。從《荀子》開始，中經魏晉王弼、宋代二程，到清代王夫之，直到今天金景芳、徐志銳也持此說。而義理易學學究竟有多少微言大義符合《周易》時代的思想進程？形上形下之說，心性理氣之學，顯然都是後代邏輯思維對《周易》前史的原始思維所進行的主觀認同，實際上是以今釋古。

從歷史唯物主義和科學方法論的邏輯發展進程而言，象數、義理這兩派觀點在八十年代易學研究中已顯得陳舊乏力了；而從嚴謹的學術史的角度而言，它們都忽略了美國科學哲學家托馬斯·庫恩在《科學革命的結構》一書中所闡述的任何科學的誕生都會具有的前史問題：即「從前史向本史」的過渡。

也就是說，古今象數、義理學家們都是用《周易》本史去解說《周易》前史，而沒有觸及到在《周易》前史向《周易》本史的過渡中，象數、義理形成的基礎及其是如何參與上述與過渡之軌跡的。特別是從今本經文中怎樣才能證明漢代象數學的研究方法，就是作《易》者所使用的方法。比如，今本經文中以常有異卦異爻而同象的現象。如《未濟卦．初六》與《既濟卦．初九》皆有「濡其尾」之象，既非反卦之反爻位，又非復卦之復爻位。從象數、義理學上都不能準確講明異卦異爻而同象的作《易》依據——即使是講得較爲圓滿了，也不能讓人相信這樣一個正處於游牧時代的弱智文化，會有如此先進而合邏輯的象數、義理智文化

以訓古及考訂的方法去研究易學的古典派，在高亨先生之後已經處於僵局。因爲這種改字改經的宋人方法，主觀臆斷性很強，與歷史唯物主義原則相悖。比象數、義理之學更不足信，清人早有非議，勿須贅議。

現代派的研究方法主要有馬列派、科學派、考古派三家。就馬列派的研究方法言，從思想內容上講，《周易》中的哲學思想（如樸素辯證法思想），與馬列主義的哲學思想（如辯證法思想）是風馬牛不相及的。因爲它們各自立足的坐標系有著本質的不同。而高亨先生在解釋《易經》時認爲「作卦者對於事物矛盾對立和運動變化的認識，啓發他們造六十四卦，而六十四卦的矛盾對立和動則變化，又幫助他去分析事物。六十四卦的創造和運用，是事物的矛盾對立和運動變化兩個特徵的結合與統一。」（《周易雜

論》）這種觀點硬將《易經》的產生歸於作者的觀察事物和分析事物的馬克思主義方法，實屬不當。

又如宋祚胤先生《周易新論》中公開地講「由於『道』生萬物，萬物歸於『道』」，周流不停，就出現了機械循環論。由於萬物歸於『道』以後還要依附於『孚』，就出現了唯心論的先驗論」。這種由道到孚的規律不知從何得出，實際上是在給《周易》「貼標籤」。

郭沫若先生當年用馬列主義的唯物史觀研究《周易》時代的社會生活取得了較大的成就。在郭老的路子上走下去並產生成果的，當推張立文先生的《周易思想研究》一書，但它自身卻有不可避免的問題：理論思維與易學體系的貧乏與空洞，也許就是該書的致命傷。尤其是在以馬列主義的思想、觀點和方法去處理《易經》的經濟、政治、哲學思想時顯得非常牽強、生硬。無論是宋祚胤、張立文先生，還是李威周、劉蔚華先生，時常有用文學訓詁和翻釋來代替對經文哲學思想的分析，這使作者在運用馬列主義思想去解釋《易經》時顯得不從心，處處捉襟見肘。

科學派的研究方法，也許是當代易學同仁最引以爲榮的一種方法了。至少，計算機與二進制、生物體DNA的六十四種組合律、元素周期素律、量子力學、人體科學等現代科學，在一夜之間全都成爲易學的範疇了！該派認爲愛因斯坦、海森堡、玻耳、李約瑟、楊振寧等大科學家也都陷入陰陽八卦這鬼門陣裡，流連忘返。然而，事實卻是：迄今沒有任何一本古代傳世的易學著作，可以證明《周易》與計算機二進制等上述諸科學之間的相生關係與邏輯演化規律。《易》道四用，從不及此。比如，潘雨廷先生在《科學易》中將生物體六十四種遺傳密碼與六十四卦結合起來，從而得出「現代分子生物學DNA與RNA，其分子結構之變化與化學鍵之『象數』，不期與此相似。」趙定理先生在《〈周易〉與現代科學》一文中認爲「《周易》的六爻之卦，對應於《周髀算經》中的六間點」，並且得出「月亮相對運動六十四卦點是量子化規律」的結論。

其他如朱燦生、馮子道、沈持衡等先生均在講科學易。這是在研究易學，還是在研究生物學、天文學？

也就是說，其實質在於是研究易學，還是在應用易學？不搞清這一點，必然會得出易學或《周易》是現代科學發展的頂峰等類似結論。

近幾年我經常聽到如我一樣易學世家的人反應：現在開易學會幾乎成了百科全書會，相互間聽不懂所講的內容。造成這種強烈學術反差的原因，在於科學易的學者們把易學的應用（即《易經》哲學及其邏輯結構可以成爲一種最優秀的科學方法論）當成易學本體來研究、宣傳。

德國哲學家卡西爾在《人論》中說：「科學是人的智力發展中的最後一步，並且可以被看成是人類文化最高獨特的成就。它是一種只有在特殊條件下才可能得到發展的非常晚而又非常精緻的成果。」而現代那些所謂的科學易，與其說是《易經》時代的科學思想，不如說是今天的科學對《易經》哲學的主觀認同。因爲在那個特定歷史條件下，正處於人類理性思維發展的初級階段的易學，還根本沒有能力去擔負起指導科學技術發展的方法論作用，儘管《繫辭》中講了十三個卦的起源時連用了「蓋取諸」字樣，但也是後代的學者對易學觀象學說的第一次方法論上的應用：觀象以制器。

一言以蔽之，用現代科技理論去解讀古代《易經》，根本不是科學的態度，是違背歷史唯物主義的。《易經》的「破譯」與否，與現代科技沒有任何關係。如果說，《易經》確實對現代科技的發展有重大的推動作用或指導意義（我非常贊同這一點，並將另有文章專論），實際上是在講把《易經》思想作爲一種科學方法論去解釋現代科技的某些規律，而不是相反。

考古派是有重大貢獻的一個易學學派，這種方法是值得重視的。馬王堆帛書《周易》的出土，阜陽漢簡中《周易》文字的發現，使我們對《周易》哲學及其自身結構的發生、發展的歷史的認識有了長足的進步。這其間，張政烺、徐錫台、溫少峰、于豪亮等先生成就輝煌。

但是，其自身也是存在矛盾的。比如，張政烺先生主張——和——是由一和六逐漸演變而來，而其證據又多在殷周之際。但是河南開封一帶出土的六、七千年前的彩陶壺上所刻的三爻、四爻、五爻、六爻卦卦象及太極圖、河圖等，美洲印第安人部落出土的陶鉢上刻的約七千年前的《復卦》卦象，以及三、四千年前的青銅噴水銅盆中刻畫的河圖拋物線及使用時所發出的《震卦》古音，等等；這些又都在否定數字卦化成爻卦的觀點。而且，《繫辭》中講的「上古結繩而治，後世聖人易之以書契」，又明顯在承認一個結繩卦體系的存在。這又與數字卦矛盾。

張政烺先生又認爲帛書中的《繫辭》「天地定位，山澤通氣，火水相射，雷風相搏」是正確的，而今本中的「天地定位，山澤通氣，雷風相薄，水火不相射」是錯的。可是實際上這兩種文本及其表現的卦序皆有存在的可能。

更重要的是，考古派的方法是被動型的研究方法，沒有出土的文物就陷於停頓狀態；有了出土的文物又陷於矛盾狀態——況且，當現代科學對人腦的研究證明，腦頻譜圖是一幅太極圖像之後，那麼，關於太極圖的種種考古就面臨人本身的重大反駁（要是把人體科學對特異功能者在天目中看到卦象與太極圖這一現象也推出，那麼，考古派的一切結論都要重新認定了）。

各類研究方法都沒有意識到，首先應對人的思維進程進行如實的研究這一問題，猶如當年康德對人類認識能力進行研究一樣。

「另一些同樣驚人的事實，又證明了原始思維在絕大多數場合中不同於我們的思維，原始思維的趨向是根本不同的。它的過程是以截然不同的方式進行著。」這是著名的法國人類學家列·布留爾的觀點。即在從《周易》前史向《周易》本史過渡中，人類思維進程的發展及其文學體現——《周易》及其哲學思想，根本有別於後代的邏輯思維體系。而這一點又恰恰是古代象數、義理學家所從未意識到的問題，也是當代科學派易學家所忽略的問題。

在陳舊的方法指導下，又缺乏中西哲學和易學的比較研究，造成有關論著缺乏理論思維素質也是必然的結局。這種情況不論是在象數派學者劉大鈞先生及其《周易概論》一書中，還是在義理派學者金景芳先生及其《周易講座》和《學易四種》二書中，以及近十年其他易學中都或多或少地存在。

迄今爲止，可以說眞正剖析卦爻辭之獨特哲學思想及其內在體系的論著還很少，有的易學著作只是圍繞樸素辯證法、唯物及唯心主義認識論等幾個問題而寫（至多再加上一些象數學上的觀象實例與機械的認識論罷了）。

相比之下，美國學者唐力權先生所撰寫的立論嚴謹、思想深刻而又極富高超理論造詣的《〈周易〉與懷特海之間：場有哲學的時代意義》一書，卻是我國目前易學界所無法望其項背的易學哲學著作。

我們應當承認這樣一種事實：

其一，老中青三代易學家中大部分人哲學素養較差，這使他們在研究《周易》哲學時，不能從思辯哲學或邏輯學的高度來加深對它的認識，因而必然影響他們論著的理論水平。

其二，老中青三代易學家中都存在缺乏對民俗學、文化學、原始思維學及人類認識發展史的系統而嚴謹的訓練，他們適應了以之乎者也和乘比應互來說話和研究，勢必造成易學研究水平的下降。

其三，老中青三代易學家中除張政烺、溫少峰、徐錫台等十幾人之外，絕大多數人不熟悉甲骨學與考古學，他們只是利用許鄭之學，研究和分析卦爻辭的文字內涵。對意義探討的膚淺必然影響從哲學的高度對《周易》進行的審查。

而上述這些又突出反映在研究《周易》的著眼點和論證材料的狹隘這方面。比如，隨便找來十篇象數和義理學的論文，統計一下就會發現：他們引證的材料大同小異、重複性極強。而文章的著眼點又不外乎以下幾個方面：

(1)關於《周易》或《易傳》的成書年代；(2)關於《周易》中樸素辯證法思想；(3)關於《周易》命名；(4)《易傳》與孔子之關係及儒家思想；(5)易學源流問題；(6)帛書卦序問題；(7)數字卦問題；(8)象與兆的關係問題，等等。這些文章表面上觀點新穎，不與古人同，實際上多是沒有觸及到易學內部、缺乏力度與廣度。

更令我擔憂的一個不容忽視的事實是：不少易學家丟掉了《周易》哲學中的憂患意識與生生不息的進取精神。即，當代易學家的生命情調中，遠遠不及作《易》者及古代易學家身上所表現出來，的那種對宇宙人生和社會的憂患與參與意識，以及力求革故鼎新的奮發進取意識。上述思想在當代易學論著中罕有言及。也許，這種意識到陳寅恪身上已是終結。並隨著陳寅恪先生的逝世，以及對馬列信仰的淡漠而消失得乾乾淨淨？這才是一種無言的悲哀！

五、職業與五行關係

（選自臺灣《預言命學眞解》）

屬木職業

文學、藝術、文具店、文化事業的文人、作家、寫作、撰文、教員、校長、教育器材、教育界、書店、出版社、公務界、司法界、治安警界、官途之界、政治界、參政界、特殊動植物生長界之學者、植物栽種試驗界。

木材木器、木製品、家具、裝璜、木成品、紙界、竹界、種植界、花界、樹苗界、藥物界（開藥房或藥劑師）、醫療界。

培育人才界、布匹買賣界、售敬神物品或香料店、宗教應用物、宗教家之事業、或售賣植物性之素食品，以上均屬於木之事業。

屬火事業

熱度性質、火爆性質、光線性質、加工修理性質、再自製性質、易燃燒性質、手工藝性質、一切人身裝飾物性質、均爲屬火事業。

放光、照光、照明、光學、高熱、液熱、易燃燒物。或油類界、酒類界、熱飲食界、食品界、理髮界、化妝品界、一切人身裝飾物品。

軍界、歌舞藝術、百貨行、印製家、雕刻師、評論家、心理學家、演說家均屬之。

屬土事業

土產或地產性質、農作性質、畜牧性質、大自然原物性質、中間人之性質，又因土最卑下、最中央，故領導性質，人才事業、防水事業均屬之。

農人或土壤研究者、售現成菜類、售現成農作物（雜穀、米、麥），畜牧獸類（如牧牛、羊或養雞、豬等），售飼料界，所有農畜界百業。大自然原物售賣界（石、石灰、土地包含山地、水泥等）。建築界、房地產買賣業、房屋買賣業。土中剋水之物，故而防水事業（即雨衣、雨傘、雨帆、築堤……容水物器等）也是。

當鋪、古董家、鑑定師、製糊或售糊業、所有中人、介紹業、代書、律師、說客、法官、代理、管理。代替、買賣、設計、顧問、秘書、附屬品、附屬人均是（因土附火而生）。

又領導事業（即高級官或職），及使人討厭的事業（如殯儀館、喪業代辦所、築墓、墓地管理、和尚、尼姑，爲死人裝飾業）等等。

又零碎整理事業：如書記、簿記、記錄員、會計師也屬之。

屬水事業

漂游性質、奔波性質、流動性質、連續運動性質、易變化性質、水屬性質、音響性質、清潔性質、冷溫具不燃性之化學界、靠入海求生活者均屬之。

航海界（船員也是），冷溫不燃液體、冰水界、魚類界、水產界、水利界、水物界、冷藏界、冷凍界、打水界、潔洗界、掃除界、流水界、港內界、泳池、湖、池塘、浴池、菜市場內售賣冷食物（魚、肉、豆腐……）均屬之。

遷旅業、特技表演業、運動家、導遊業、旅行業、玩具業、聲樂音響業、魔術、馬戲團、採訪記者、偵探、旅社、滅火器具、釣魚器具均屬之。

屬金事業

精織材或金屬工具材料等方面事業、堅硬事業、決斷事業、影響別人性質的事業，一切武術家、鑑定師、大法官、總主管、汽車界、交通界、金融界、工程業、科學界、武術家、開礦界、民意代表、伐木事業、售機械界。

跋

從上古至今，令世世代代的炎黃子孫們一直不懈地作精神追索的，除了生命本身的眞實外，亙古不息的也許便只有易學了。易是華夏眞正的精靈，易是華夏至上的宗教，易是華夏的精魂所在。不論世處戰亂時也好、歌舞昇平時也好；不論將其高尙化也好、賤俗化也好；也不論帝王將相也好、平民百姓也好；更不論尊居廟堂之上也好、流落街頭巷尾也好；幾千年來易學一直是顚撲不破的永恆精神主題，易學始終是卓立於一切科學、文化、宗教等等之上的華夏唯一的自在文化體系。

我常常沈醉和感懷於易學的偉大和神聖！

不是嗎？令儒家文化的泰斗——孔子這樣的聖人都甘願匍匐在腳下的易學，我們這些秉承了儒家文化精神的後人，又怎能對它不肅然起敬、魂牽夢繞呢?!

不是嗎？構築著博大精深的華夏文化大廈的一樑一柱，有哪一根不是經過了易學的陶冶、熔煉和完塑，我們這些生於斯間長於斯間的後輩們，又怎可對其掉以輕心，甚至漠然處之呢?!

不是嗎？古往今來，古今中外，沒有任何一門科學或學問，能有如易學般，把天地、時空盡攬於胸懷，含古容今，經天緯地，充滿自信與豪情地優游於太古與未來之間……

易與易學的產生確是個千古之謎，但我相信無論如何易也是從叩問蒼天開始的。先民也罷，聖人也罷，外星人也罷，乃至上一冰河期的地球人也罷，都只有仰天長嘯、齊暗萬類，才能感悟易的精神、領受易的靈性。因爲易學的精神，應該說並不僅僅是完塑著華夏文化的易理或神秘的易占；而是將易學數碼體系至精至簡過程中，所累積、濃縮下的時空和思索，足以給我們以無限的崇敬、焦慮和感慨、自豪。

悠然天地，自在乾坤。易學是容含天地、時空的超級數碼體系，易學是精密、完美而龐大的邏輯自在體系。易，構築著宇宙的對立統一和全息規律，實現著對宇宙信息自在而冷靜的全息存錄與放送。今日易學在朦朧狀態下所釋放出的文化與功用，僅僅是其龐大內涵中微乎其微的一部分，如同錄像、錄音大大豐富了我們的生活色彩一樣，「易」終有一日將引領我們人類超越時空界限，暢然於至爲多彩多姿的精神與物質天地裡。一旦易和易學的眞面目得以洞破，徹見天日，將是我們中華民族和整個人類的大幸，必將由此徹底提升整個人類的文化、科學和文明。

當今中國和世界，有越來越多的人們熱愛易學，執著於易學；同時，也有越來越多的人們受著悲哀與迷茫的困憂——易學從何處來？易學向何處去？易學何時才能遠離塵俗，回到科學與文化的最高殿堂？易學如何才能徹底破譯，光耀天地？願我們所有向往易學眞理的人們一起執著向上，去永不停息地叩問蒼天！民族的繁榮、文化的繁榮、科學的繁榮、人類的繁榮，都將由此而發軔。

在此，必須提醒每一個關心和熱愛易學的國人：我們再沒有時間和理由去簡單地重複古人了！我們似乎應該把解釋、詮註與應用故易的淺近眼光放向深遠處，去尋找易學的眞正光芒；我們似乎應該把沈重的腳步從以往狹小的易道上邁出去，踏上通往眞理的易之大道，回歸易學眞正的家園。

易學的博大精深，尤在於古來在易道之上求索的無數聖賢和先輩，我在作易學感悟的時候，總是把他們作爲一面鏡子，以照見自己的不足；而在行文的過程中，更是常常要「竊用」古今前輩的口中之珠，不勝惶恐，在此厚顏致謝！沒有古今的這些先輩易賢們，是沒有今日易學的曙光的，願此功德天地永存。

辛子　　於北京

大展出版社有限公司
品冠文化出版社

圖書目錄

地址：台北市北投區(石牌)
致遠一路二段12巷1號
電話：(02)28236031
28236033
郵撥：0166955～1
傳真：(02)28272069

・法律專欄連載・電腦編號 58

台大法學院　法律學系／策劃
法律服務社／編著

1. 別讓您的權利睡著了 1		200 元
2. 別讓您的權利睡著了 2		200 元

・武 術 特 輯・電腦編號 10

1. 陳式太極拳入門	馮志強編著	180 元
2. 武式太極拳	郝少如編著	150 元
3. 練功十八法入門	蕭京凌編著	120 元
4. 教門長拳	蕭京凌編著	150 元
5. 跆拳道	蕭京凌編譯	180 元
6. 正傳合氣道	程曉鈴譯	200 元
7. 圖解雙節棍	陳銘遠著	150 元
8. 格鬥空手道	鄭旭旭編著	200 元
9. 實用跆拳道	陳國榮編著	200 元
10. 武術初學指南	李文英、解守德編著	250 元
11. 泰國拳	陳國榮著	180 元
12. 中國式摔跤	黃　斌編著	180 元
13. 太極劍入門	李德印編著	180 元
14. 太極拳運動	運動司編	250 元
15. 太極拳譜	清・王宗岳等著	280 元
16. 散手初學	冷　峰編著	180 元
17. 南拳	朱瑞琪編著	180 元
18. 吳式太極劍	王培生著	200 元
19. 太極拳健身和技擊	王培生著	250 元
20. 秘傳武當八卦掌	狄兆龍著	250 元
21. 太極拳論譚	沈　壽著	250 元
22. 陳式太極拳技擊法	馬　虹著	250 元
23. 二十四式/三十二式 太極 拳/劍	闞桂香著	180 元
24. 楊式秘傳 129 式太極長拳	張楚全著	280 元
25. 楊式太極拳架詳解	林炳堯著	280 元

26. 華佗五禽劍 劉時榮著 180元
27. 太極拳基礎講座：基本功與簡化24式 李德印著 250元
28. 武式太極拳精華 薛乃印著 200元
29. 陳式太極拳拳理闡微 馬 虹著 350元
30. 陳式太極拳體用全書 馬 虹著 400元

・原地太極拳系列・電腦編號11

1. 原地綜合太極拳24式 胡啟賢創編 200元
2. 原地活步太極拳42式 胡啟賢創編 200元
3. 原地簡化太極拳24式 胡啟賢創編 200元
4. 原地太極拳12式 胡啟賢創編 200元

・道學文化・電腦編號12

1. 道在養生：道教長壽術 郝 勤等著 250元
2. 龍虎丹道：道教內丹術 郝 勤等著 300元
3. 天上人間：道教神仙譜系 黃德海著 250元
4. 步罡踏斗：道教祭禮儀典 張澤洪著 250元
5. 道醫窺秘：道教醫學康復術 王慶餘等著 250元
6. 勸善成仙：道教生命倫理 李 剛著 250元
7. 洞天福地：道教宮觀勝境 沙銘壽著 250元
8. 青詞碧簫：道教文學藝術 楊光文等著 250元
9. ：道教格言精粹 朱耕發等著 250元

・秘傳占卜系列・電腦編號14

1. 手相術 淺野八郎著 180元
2. 人相術 淺野八郎著 180元
3. 西洋占星術 淺野八郎著 180元
4. 中國神奇占卜 淺野八郎著 150元
5. 夢判斷 淺野八郎著 150元
6. 前世、來世占卜 淺野八郎著 150元
7. 法國式血型學 淺野八郎著 150元
8. 靈感、符咒學 淺野八郎著 150元
9. 紙牌占卜學 淺野八郎著 150元
10. ESP超能力占卜 淺野八郎著 150元
11. 猶太數的秘術 淺野八郎著 150元
12. 新心理測驗 淺野八郎著 160元
13. 塔羅牌預言秘法 淺野八郎著 200元

・趣味心理講座・電腦編號 15

1.	性格測驗① 探索男與女	淺野八郎著	140 元
2.	性格測驗② 透視人心奧秘	淺野八郎著	140 元
3.	性格測驗③ 發現陌生的自己	淺野八郎著	140 元
4.	性格測驗④ 發現你的真面目	淺野八郎著	140 元
5.	性格測驗⑤ 讓你們吃驚	淺野八郎著	140 元
6.	性格測驗⑥ 洞穿心理盲點	淺野八郎著	140 元
7.	性格測驗⑦ 探索對方心理	淺野八郎著	140 元
8.	性格測驗⑧ 由吃認識自己	淺野八郎著	160 元
9.	性格測驗⑨ 戀愛知多少	淺野八郎著	160 元
10.	性格測驗⑩ 由裝扮瞭解人心	淺野八郎著	160 元
11.	性格測驗⑪ 敲開內心玄機	淺野八郎著	140 元
12.	性格測驗⑫ 透視你的未來	淺野八郎著	160 元
13.	血型與你的一生	淺野八郎著	160 元
14.	趣味推理遊戲	淺野八郎著	160 元
15.	行為語言解析	淺野八郎著	160 元

・婦 幼 天 地・電腦編號 16

1.	八萬人減肥成果	黃靜香譯	180 元
2.	三分鐘減肥體操	楊鴻儒譯	150 元
3.	窈窕淑女美髮秘訣	柯素娥譯	130 元
4.	使妳更迷人	成　玉譯	130 元
5.	女性的更年期	官舒妍編譯	160 元
6.	胎內育兒法	李玉瓊編譯	150 元
7.	早產兒袋鼠式護理	唐岱蘭譯	200 元
8.	初次懷孕與生產	婦幼天地編譯組	180 元
9.	初次育兒 12 個月	婦幼天地編譯組	180 元
10.	斷乳食與幼兒食	婦幼天地編譯組	180 元
11.	培養幼兒能力與性向	婦幼天地編譯組	180 元
12.	培養幼兒創造力的玩具與遊戲	婦幼天地編譯組	180 元
13.	幼兒的症狀與疾病	婦幼天地編譯組	180 元
14.	腿部苗條健美法	婦幼天地編譯組	180 元
15.	女性腰痛別忽視	婦幼天地編譯組	150 元
16.	舒展身心體操術	李玉瓊編譯	130 元
17.	三分鐘臉部體操	趙薇妮著	160 元
18.	生動的笑容表情術	趙薇妮著	160 元
19.	心曠神怡減肥法	川津祐介著	130 元
20.	內衣使妳更美麗	陳玄茹譯	130 元
21.	瑜伽美姿美容	黃靜香編著	180 元
22.	高雅女性裝扮學	陳珮玲譯	180 元
23.	蠶糞肌膚美顏法	坂梨秀子著	160 元

24. 認識妳的身體	李玉瓊譯	160 元
25. 產後恢復苗條體態	居理安・芙萊喬著	200 元
26. 正確護髮美容法	山崎伊久江著	180 元
27. 安琪拉美姿養生學	安琪拉蘭斯博瑞著	180 元
28. 女體性醫學剖析	增田豐著	220 元
29. 懷孕與生產剖析	岡部綾子著	180 元
30. 斷奶後的健康育兒	東城百合子著	220 元
31. 引出孩子幹勁的責罵藝術	多湖輝著	170 元
32. 培養孩子獨立的藝術	多湖輝著	170 元
33. 子宮肌瘤與卵巢囊腫	陳秀琳編著	180 元
34. 下半身減肥法	納他夏・史達賓著	180 元
35. 女性自然美容法	吳雅菁編著	180 元
36. 再也不發胖	池園悅太郎著	170 元
37. 生男生女控制術	中垣勝裕著	220 元
38. 使妳的肌膚更亮麗	楊　皓編著	170 元
39. 臉部輪廓變美	芝崎義夫著	180 元
40. 斑點、皺紋自己治療	高須克彌著	180 元
41. 面皰自己治療	伊藤雄康著	180 元
42. 隨心所欲瘦身冥想法	原久子著	180 元
43. 胎兒革命	鈴木丈織著	180 元
44. NS 磁氣平衡法塑造窈窕奇蹟	古屋和江著	180 元
45. 享瘦從腳開始	山田陽子著	180 元
46. 小改變瘦 4 公斤	宮本裕子著	180 元
47. 軟管減肥瘦身	高橋輝男著	180 元
48. 海藻精神秘美容法	劉名揚編著	180 元
49. 肌膚保養與脫毛	鈴木真理著	180 元
50. 10 天減肥 3 公斤	彤雲編輯組	180 元
51. 穿出自己的品味	西村玲子著	280 元
52. 小孩髮型設計	李芳黛譯	250 元

・青 春 天 地・電腦編號 17

1. A 血型與星座	柯素娥編譯	160 元
2. B 血型與星座	柯素娥編譯	160 元
3. O 血型與星座	柯素娥編譯	160 元
4. AB 血型與星座	柯素娥編譯	120 元
5. 青春期性教室	呂貴嵐編譯	130 元
7. 難解數學破題	宋釗宜編譯	130 元
9. 小論文寫作秘訣	林顯茂編譯	120 元
11. 中學生野外遊戲	熊谷康編著	120 元
12. 恐怖極短篇	柯素娥編譯	130 元
13. 恐怖夜話	小毛驢編譯	130 元
14. 恐怖幽默短篇	小毛驢編譯	120 元
15. 黑色幽默短篇	小毛驢編譯	120 元

16. 靈異怪談	小毛驢編譯	130 元
17. 錯覺遊戲	小毛驢編著	130 元
18. 整人遊戲	小毛驢編著	150 元
19. 有趣的超常識	柯素娥編譯	130 元
20. 哦！原來如此	林慶旺編譯	130 元
21. 趣味競賽 100 種	劉名揚編譯	120 元
22. 數學謎題入門	宋釗宜編譯	150 元
23. 數學謎題解析	宋釗宜編譯	150 元
24. 透視男女心理	林慶旺編譯	120 元
25. 少女情懷的自白	李桂蘭編譯	120 元
26. 由兄弟姊妹看命運	李玉瓊編譯	130 元
27. 趣味的科學魔術	林慶旺編譯	150 元
28. 趣味的心理實驗室	李燕玲編譯	150 元
29. 愛與性心理測驗	小毛驢編譯	130 元
30. 刑案推理解謎	小毛驢編譯	180 元
31. 偵探常識推理	小毛驢編譯	180 元
32. 偵探常識解謎	小毛驢編譯	130 元
33. 偵探推理遊戲	小毛驢編譯	180 元
34. 趣味的超魔術	廖玉山編著	150 元
35. 趣味的珍奇發明	柯素娥編著	150 元
36. 登山用具與技巧	陳瑞菊編著	150 元
37. 性的漫談	蘇燕謀編著	180 元
38. 無的漫談	蘇燕謀編著	180 元
39. 黑色漫談	蘇燕謀編著	180 元
40. 白色漫談	蘇燕謀編著	180 元

・健 康 天 地・電腦編號 18

1. 壓力的預防與治療	柯素娥編譯	130 元
2. 超科學氣的魔力	柯素娥編譯	130 元
3. 尿療法治病的神奇	中尾良一著	130 元
4. 鐵證如山的尿療法奇蹟	廖玉山譯	120 元
5. 一日斷食健康法	葉慈容編譯	150 元
6. 胃部強健法	陳炳崑譯	120 元
7. 癌症早期檢查法	廖松濤譯	160 元
8. 老人痴呆症防止法	柯素娥編譯	130 元
9. 松葉汁健康飲料	陳麗芬編譯	130 元
10. 揉肚臍健康法	永井秋夫著	150 元
11. 過勞死、猝死的預防	卓秀貞編譯	130 元
12. 高血壓治療與飲食	藤山順豐著	180 元
13. 老人看護指南	柯素娥編譯	150 元
14. 美容外科淺談	楊啟宏著	150 元
15. 美容外科新境界	楊啟宏著	150 元
16. 鹽是天然的醫生	西英司郎著	140 元

17. 年輕十歲不是夢	梁瑞麟譯	200 元
18. 茶料理治百病	桑野和民著	180 元
19. 綠茶治病寶典	桑野和民著	150 元
20. 杜仲茶養顏減肥法	西田博著	170 元
21. 蜂膠驚人療效	瀨長良三郎著	180 元
22. 蜂膠治百病	瀨長良三郎著	180 元
23. 醫藥與生活㈠	鄭炳全著	180 元
24. 鈣長生寶典	落合敏著	180 元
25. 大蒜長生寶典	木下繁太郎著	160 元
26. 居家自我健康檢查	石川恭三著	160 元
27. 永恆的健康人生	李秀鈴譯	200 元
28. 大豆卵磷脂長生寶典	劉雪卿譯	150 元
29. 芳香療法	梁艾琳譯	160 元
30. 醋長生寶典	柯素娥譯	180 元
31. 從星座透視健康	席拉・吉蒂斯著	180 元
32. 愉悅自在保健學	野本二士夫著	160 元
33. 裸睡健康法	丸山淳士等著	160 元
34. 糖尿病預防與治療	藤田順豐著	180 元
35. 維他命長生寶典	菅原明子著	180 元
36. 維他命 C 新效果	鐘文訓編	150 元
37. 手、腳病理按摩	堤芳朗著	160 元
38. AIDS 瞭解與預防	彼得塔歇爾著	180 元
39. 甲殼質殼聚糖健康法	沈永嘉譯	160 元
40. 神經痛預防與治療	木下真男著	160 元
41. 室內身體鍛鍊法	陳炳崑編著	160 元
42. 吃出健康藥膳	劉大器編著	180 元
43. 自我指壓術	蘇燕謀編著	160 元
44. 紅蘿蔔汁斷食療法	李玉瓊編著	150 元
45. 洗心術健康秘法	竺翠萍編譯	170 元
46. 枇杷葉健康療法	柯素娥編譯	180 元
47. 抗衰血癒	楊啟宏著	180 元
48. 與癌搏鬥記	逸見政孝著	180 元
49. 冬蟲夏草長生寶典	高橋義博著	170 元
50. 痔瘡・大腸疾病先端療法	宮島伸宜著	180 元
51. 膠布治癒頑固慢性病	加瀨建造著	180 元
52. 芝麻神奇健康法	小林貞作著	170 元
53. 香煙能防止癡呆？	高田明和著	180 元
54. 穀菜食治癌療法	佐藤成志著	180 元
55. 貼藥健康法	松原英多著	180 元
56. 克服癌症調和道呼吸法	帶津良一著	180 元
57. B 型肝炎預防與治療	野村喜重郎著	180 元
58. 青春永駐養生導引術	早島正雄著	180 元
59. 改變呼吸法創造健康	原久子著	180 元
60. 荷爾蒙平衡養生秘訣	出村博著	180 元

61. 水美肌健康法	井戶勝富著	170 元
62. 認識食物掌握健康	廖梅珠編著	170 元
63. 痛風劇痛消除法	鈴木吉彥著	180 元
64. 酸莖菌驚人療效	上田明彥著	180 元
65. 大豆卵磷脂治現代病	神津健一著	200 元
66. 時辰療法—危險時刻凌晨 4 時	呂建強等著	180 元
67. 自然治癒力提升法	帶津良一著	180 元
68. 巧妙的氣保健法	藤平墨子著	180 元
69. 治癒 C 型肝炎	熊田博光著	180 元
70. 肝臟病預防與治療	劉名揚編著	180 元
71. 腰痛平衡療法	荒井政信著	180 元
72. 根治多汗症、狐臭	稻葉益巳著	220 元
73. 40 歲以後的骨質疏鬆症	沈永嘉譯	180 元
74. 認識中藥	松下一成著	180 元
75. 認識氣的科學	佐佐木茂美著	180 元
76. 我戰勝了癌症	安田伸著	180 元
77. 斑點是身心的危險信號	中野進著	180 元
78. 艾波拉病毒大震撼	玉川重德著	180 元
79. 重新還我黑髮	桑名隆一郎著	180 元
80. 身體節律與健康	林博史著	180 元
81. 生薑治萬病	石原結實著	180 元
82. 靈芝治百病	陳瑞東著	180 元
83. 木炭驚人的威力	大槻彰著	200 元
84. 認識活性氧	井土貴司著	180 元
85. 深海鮫治百病	廖玉山編著	180 元
86. 神奇的蜂王乳	井上丹治著	180 元
87. 卡拉 OK 健腦法	東潔著	180 元
88. 卡拉 OK 健康法	福田伴男著	180 元
89. 醫藥與生活(二)	鄭炳全著	200 元
90. 洋蔥治百病	宮尾興平著	180 元
91. 年輕 10 歲快步健康法	石塚忠雄著	180 元
92. 石榴的驚人神效	岡本順子著	180 元
93. 飲料健康法	白鳥早奈英著	180 元
94. 健康棒體操	劉名揚編譯	180 元
95. 催眠健康法	蕭京凌編著	180 元
96. 鬱金（美王）治百病	水野修一著	180 元
97. 醫藥與生活(三)	鄭炳全著	200 元

・實用女性學講座・電腦編號 19

1. 解讀女性內心世界	島田一男著	150 元
2. 塑造成熟的女性	島田一男著	150 元
3. 女性整體裝扮學	黃靜香編著	180 元
4. 女性應對禮儀	黃靜香編著	180 元

5.	女性婚前必修	小野十傳著	200 元
6.	徹底瞭解女人	田口二州著	180 元
7.	拆穿女性謊言 88 招	島田一男著	200 元
8.	解讀女人心	島田一男著	200 元
9.	俘獲女性絕招	志賀貢著	200 元
10.	愛情的壓力解套	中村理英子著	200 元
11.	妳是人見人愛的女孩	廖松濤編著	200 元

・校園系列・電腦編號 20

1.	讀書集中術	多湖輝著	180 元
2.	應考的訣竅	多湖輝著	150 元
3.	輕鬆讀書贏得聯考	多湖輝著	150 元
4.	讀書記憶秘訣	多湖輝著	180 元
5.	視力恢復！超速讀術	江錦雲譯	180 元
6.	讀書 36 計	黃柏松編著	180 元
7.	驚人的速讀術	鐘文訓編著	170 元
8.	學生課業輔導良方	多湖輝著	180 元
9.	超速讀超記憶法	廖松濤編著	180 元
10.	速算解題技巧	宋釗宜編著	200 元
11.	看圖學英文	陳炳崑編著	200 元
12.	讓孩子最喜歡數學	沈永嘉譯	180 元
13.	催眠記憶術	林碧清譯	180 元
14.	催眠速讀術	林碧清譯	180 元
15.	數學式思考學習法	劉淑錦譯	200 元
16.	考試憑要領	劉孝暉著	180 元
17.	事半功倍讀書法	王毅希著	200 元
18.	超金榜題名術	陳蒼杰譯	200 元
19.	靈活記憶術	林耀慶編著	180 元

・實用心理學講座・電腦編號 21

1.	拆穿欺騙伎倆	多湖輝著	140 元
2.	創造好構想	多湖輝著	140 元
3.	面對面心理術	多湖輝著	160 元
4.	偽裝心理術	多湖輝著	140 元
5.	透視人性弱點	多湖輝著	140 元
6.	自我表現術	多湖輝著	180 元
7.	不可思議的人性心理	多湖輝著	180 元
8.	催眠術入門	多湖輝著	150 元
9.	責罵部屬的藝術	多湖輝著	150 元
10.	精神力	多湖輝著	150 元
11.	厚黑說服術	多湖輝著	150 元

12. 集中力　多湖輝著　150 元
13. 構想力　多湖輝著　150 元
14. 深層心理術　多湖輝著　160 元
15. 深層語言術　多湖輝著　160 元
16. 深層說服術　多湖輝著　180 元
17. 掌握潛在心理　多湖輝著　160 元
18. 洞悉心理陷阱　多湖輝著　180 元
19. 解讀金錢心理　多湖輝著　180 元
20. 拆穿語言圈套　多湖輝著　180 元
21. 語言的內心玄機　多湖輝著　180 元
22. 積極力　多湖輝著　180 元

・超現實心理講座・電腦編號 22

1. 超意識覺醒法　詹蔚芬編譯　130 元
2. 護摩秘法與人生　劉名揚編譯　130 元
3. 秘法！超級仙術入門　陸明譯　150 元
4. 給地球人的訊息　柯素娥編著　150 元
5. 密教的神通力　劉名揚編著　130 元
6. 神秘奇妙的世界　平川陽一著　200 元
7. 地球文明的超革命　吳秋嬌譯　200 元
8. 力量石的秘密　吳秋嬌譯　180 元
9. 超能力的靈異世界　馬小莉譯　200 元
10. 逃離地球毀滅的命運　吳秋嬌譯　200 元
11. 宇宙與地球終結之謎　南山宏著　200 元
12. 驚世奇功揭秘　傅起鳳著　200 元
13. 啟發身心潛力心象訓練法　栗田昌裕著　180 元
14. 仙道術遁甲法　高藤聰一郎著　220 元
15. 神通力的秘密　中岡俊哉著　180 元
16. 仙人成仙術　高藤聰一郎著　200 元
17. 仙道符咒氣功法　高藤聰一郎著　220 元
18. 仙道風水術尋龍法　高藤聰一郎著　200 元
19. 仙道奇蹟超幻像　高藤聰一郎著　200 元
20. 仙道鍊金術房中法　高藤聰一郎著　200 元
21. 奇蹟超醫療治癒難病　深野一幸著　220 元
22. 揭開月球的神秘力量　超科學研究會　180 元
23. 西藏密教奧義　高藤聰一郎著　250 元
24. 改變你的夢術入門　高藤聰一郎著　250 元
25. 21 世紀拯救地球超技術　深野一幸著　250 元

・養 生 保 健・電腦編號 23

1. 醫療養生氣功　黃孝寬著　250 元

2.	中國氣功圖譜	余功保著	250元
3.	少林醫療氣功精粹	井玉蘭著	250元
4.	龍形實用氣功	吳大才等著	220元
5.	魚戲增視強身氣功	宮　嬰著	220元
6.	嚴新氣功	前新培金著	250元
7.	道家玄牝氣功	張　章著	200元
8.	仙家秘傳袪病功	李遠國著	160元
9.	少林十大健身功	秦慶豐著	180元
10.	中國自控氣功	張明武著	250元
11.	醫療防癌氣功	黃孝寬著	250元
12.	醫療強身氣功	黃孝寬著	250元
13.	醫療點穴氣功	黃孝寬著	250元
14.	中國八卦如意功	趙維漢著	180元
15.	正宗馬禮堂養氣功	馬禮堂著	420元
16.	秘傳道家筋經內丹功	王慶餘著	280元
17.	三元開慧功	辛桂林著	250元
18.	防癌治癌新氣功	郭　林著	180元
19.	禪定與佛家氣功修煉	劉天君著	200元
20.	顛倒之術	梅自強著	360元
21.	簡明氣功辭典	吳家駿編	360元
22.	八卦三合功	張全亮著	230元
23.	朱砂掌健身養生功	楊永著	250元
24.	抗老功	陳九鶴著	230元
25.	意氣按穴排濁自療法	黃啟運編著	250元
26.	陳式太極拳養生功	陳正雷著	200元
27.	健身祛病小功法	王培生著	200元
28.	張式太極混元功	張春銘著	250元
29.	中國璇密功	羅琴編著	250元
30.	中國少林禪密功	齊飛龍著	200元

・社會人智囊・ 電腦編號 24

1.	糾紛談判術	清水增三著	160元
2.	創造關鍵術	淺野八郎著	150元
3.	觀人術	淺野八郎著	200元
4.	應急詭辯術	廖英迪編著	160元
5.	天才家學習術	木原武一著	160元
6.	貓型狗式鑑人術	淺野八郎著	180元
7.	逆轉運掌握術	淺野八郎著	180元
8.	人際圓融術	澀谷昌三著	160元
9.	解讀人心術	淺野八郎著	180元
10.	與上司水乳交融術	秋元隆司著	180元
11.	男女心態定律	小田晉著	180元
12.	幽默說話術	林振輝編著	200元

13. 人能信賴幾分	淺野八郎著	180 元
14. 我一定能成功	李玉瓊譯	180 元
15. 獻給青年的嘉言	陳蒼杰譯	180 元
16. 知人、知面、知其心	林振輝編著	180 元
17. 塑造堅強的個性	坂上肇著	180 元
18. 為自己而活	佐藤綾子著	180 元
19. 未來十年與愉快生活有約	船井幸雄著	180 元
20. 超級銷售話術	杜秀卿譯	180 元
21. 感性培育術	黃靜香編著	180 元
22. 公司新鮮人的禮儀規範	蔡媛惠譯	180 元
23. 傑出職員鍛鍊術	佐佐木正著	180 元
24. 面談獲勝戰略	李芳黛譯	180 元
25. 金玉良言撼人心	森純大著	180 元
26. 男女幽默趣典	劉華亭編著	180 元
27. 機智說話術	劉華亭編著	180 元
28. 心理諮商室	柯素娥譯	180 元
29. 如何在公司崢嶸頭角	佐佐木正著	180 元
30. 機智應對術	李玉瓊編著	200 元
31. 克服低潮良方	坂野雄二著	180 元
32. 智慧型說話技巧	沈永嘉編著	180 元
33. 記憶力、集中力增進術	廖松濤編著	180 元
34. 女職員培育術	林慶旺編著	180 元
35. 自我介紹與社交禮儀	柯素娥編著	180 元
36. 積極生活創幸福	田中真澄著	180 元
37. 妙點子超構想	多湖輝著	180 元
38. 說 NO 的技巧	廖玉山編著	180 元
39. 一流說服力	李玉瓊編著	180 元
40. 般若心經成功哲學	陳鴻蘭編著	180 元
41. 訪問推銷術	黃靜香編著	180 元
42. 男性成功秘訣	陳蒼杰編著	180 元
43. 笑容、人際智商	宮川澄子著	180 元
44. 多湖輝的構想工作室	多湖輝著	200 元
45. 名人名語啟示錄	喬家楓著	180 元
46. 口才必勝術	黃柏松編著	220 元
47. 能言善道的說話術	章智冠編著	180 元
48. 改變人心成為贏家	多湖輝著	200 元
49. 說服的ＩＱ	沈永嘉譯	200 元
50. 提升腦力超速讀術	齊藤英治著	200 元
51. 操控對手百戰百勝	多湖輝著	200 元
52. 面試成功戰略	柯素娥編著	200 元
53. 摸透男人心	劉華亭編著	180 元
54. 撼動人心優勢口才	龔伯牧編著	180 元
55. 如何使對方說 yes	程　羲編著	200 元
56. 小道理・美好人生	林政峯編著	180 元

·精選系列·電腦編號 25

1. 毛澤東與鄧小平 渡邊利夫等著 280元
2. 中國大崩裂 江戶介雄著 180元
3. 台灣·亞洲奇蹟 上村幸治著 220元
4. 7-ELEVEN 高盈收策略 國友隆一著 180元
5. 台灣獨立（新·中國日本戰爭一） 森詠著 200元
6. 迷失中國的末路 江戶雄介著 220元
7. 2000年5月全世界毀滅 紫藤甲子男著 180元
8. 失去鄧小平的中國 小島朋之著 220元
9. 世界史爭議性異人傳 桐生操著 200元
10. 淨化心靈享人生 松濤弘道著 220元
11. 人生心情診斷 賴藤和寬著 220元
12. 中美大決戰 檜山良昭著 220元
13. 黃昏帝國美國 莊雯琳譯 220元
14. 兩岸衝突（新·中國日本戰爭二） 森詠著 220元
15. 封鎖台灣（新·中國日本戰爭三） 森詠著 220元
16. 中國分裂（新·中國日本戰爭四） 森詠著 220元
17. 由女變男的我 虎井正衛著 200元
18. 佛學的安心立命 松濤弘道著 220元
19. 世界喪禮大觀 松濤弘道著 280元
20. 中國內戰（新·中國日本戰爭五） 森詠著 220元
21. 台灣內亂（新·中國日本戰爭六） 森詠著 220元
22. 琉球戰爭①（新·中國日本戰爭七） 森詠著 220元
23. 琉球戰爭②（新·中國日本戰爭八） 森詠著 220元

·運動遊戲·電腦編號 26

1. 雙人運動 李玉瓊譯 160元
2. 愉快的跳繩運動 廖玉山譯 180元
3. 運動會項目精選 王佑京譯 150元
4. 肋木運動 廖玉山譯 150元
5. 測力運動 王佑宗譯 150元
6. 游泳入門 唐桂萍編著 200元
7. 帆板衝浪 王勝利譯 300元

·休閒娛樂·電腦編號 27

1. 海水魚飼養法 田中智浩著 300元
2. 金魚飼養法 曾雪玫譯 250元
3. 熱門海水魚 毛利匡明著 480元
4. 愛犬的教養與訓練 池田好雄著 250元
5. 狗教養與疾病 杉浦哲著 220元

大展好書 好書大展